SIETE PILARES DE LIBERTAD

DIARIO

DIARIO DE LOS SIETE PILARES DE LIBERTAD

Derechos de autor © 2015, 2021 por Pure Desire Ministries International

Todos los derechos reservados. Este libro o partes del mismo no pueden ser reproducidos en ninguna forma, almacenados en un sistema de recuperación, o transmitidos en ninguna forma por ningún medio-electrónico, mecánico, fotocopia, grabación, o cualquier otro-sin el permiso previo por escrito de Pure Desire Ministries International, excepto lo dispuesto por la ley de derechos de autor de los Estados Unidos de América.

Publicado por

Pure Desire Ministries International

719 NE Roberts Avenue, Gresham, OR 97030 www.puredesire.org | 503.489.0230 ISBN 978-1-943291-89-2

2ª Edición con revisiones, septiembre 2021

Escritura tomada de la SANTA BIBLIA, NUEVA VERSIÓN INTERNACIONAL®. Copyright © 1973, 1978, 1984 Biblica. Usado con permiso de Zondervan. Todos los derechos reservados. Las marcas "NIV" y "New International Version" están registradas en la Oficina de Patentes y Marcas de los Estados Unidos por Biblica. El uso de cualquiera de estas marcas requiere el permiso de Biblica.

Edición de contenidos: Heather Kolb

Diseño de portada, diseño interior y composición tipográfica por Elisabeth Windsor

ESTE LIBRO PERTENECE A

_____

MIEMBROS DEL GRUPO

Nombre _____ Número _____

Nombre _____ Número _____

Nombre _____ Número _____

Nombre _____ Número _____

Nombre _____ Número _____

CONTENIDO

1	BIENVENIDO AL VIAJE
5	EJERCICIO SWORD
7	PRIMER PILAR DE LIBERTAD: ROMPER CON LA NEGACIÓN
7	Lección Uno: La Dirección Determina el Destino
15	Lección Dos: Puntos de Impotencia
23	Lección Tres: Salir de la Autopista de la Negación
31	Lección Cuatro: El Camino de la Recuperación
39	SEGUNDO PILAR DE LIBERTAD: COMPRENDER LA NATURALEZA DE LA ADICCIÓN SEXUAL
39	Lección Uno: Esperanza en Medio de la Desesperanza
47	Lección Dos: Secreto
55	Lección Tres: Aislamiento
63	Lección Cuatro: Vergüenza
71	Lección Cinco: Guerra
79	TERCER PILAR DE LIBERTAD: RENDIRSE AL PROCESO
79	Lección Uno: Aprender a Afrontar el Dolor
87	Lección Dos: Ser Tu Verdadero Yo
95	Lección Tres: Amor, Aceptación y Perdón
103	Lección Cuatro: Autocuidado

111 PILAR DE LIBERTAD CUATRO: LIMITAR LOS DAÑOS

- 111   Lección Uno: Necesitas un Plan de Control de Daños
- 1119   Lección Dos: La Matriz de la Adicción
- 127   Lección Tres: La Historia de tu Dolor
- 135   Lección Cuatro: Identificar tu Discapacidad
- 143   Lección Cinco: Levantarse del Suelo

151 PILAR DE LIBERTAD CINCO: ESTABLECER LA SOBRIEDAD

- 151   Lección Uno: Entender las Fantasías
- 159   Lección Dos: Confiar en Dios en el Momento
- 167   Lección Tres: Ejercicios de Entrenamiento
- 175   Lección Cuatro: Construir un Plan de Batalla Ganador

183 PILAR DE LIBERTAD SEIS: LA BATALLA POR LA MENTE

- 183   Lección Uno: Los MIGS Salen de la Maleza
- 191   Lección Dos: ¡Cuida tu Espalda!
- 199   Lección Tres: Aprender a Entrar en la Lucha
- 207   Lección Cuatro: Herramientas de Poder

215 PILAR DE LIBERTAD SIETE: UN PLAN DE CRECIMIENTO ESPIRITUAL

- 215   Lección Uno: Revelación
- 223   Lección Dos: Cómo Ayudar a tu Esposa (Primera Parte)
- 231   Lección Tres: Cómo Ayudar a tu Esposa (Segunda Parte)
- 239   Lección Cuatro: Autocontrol y Visión

BIENVENIDO AL VIAJE

Seguro que has oído la famosa cita del teólogo Lynn H. Hough: "La alegría está en el viaje, no en el destino". Aunque no lo reconocí en su momento, al recordar ahora mi experiencia en los grupos de los Siete Pilares a lo largo de los años, estoy de acuerdo con Hough. Siendo un adicto al trabajo, deseaba desesperadamente aprender toda la información que el libro de ejercicios podía darme, aplicar las verdades a mi vida y liberarme de la esclavitud lo antes posible.

Así es como piensa el típico adicto: la gente que me rodea se ha dado cuenta de mis defectos. Averigüemos qué falla, tapemos los agujeros y sigamos adelante.

Como puedes imaginar (o puede que ya hayas experimentado), este enfoque de la sanación sencillamente no funciona. Cambiar no es gratis ni fácil; siempre cuesta algo. Si has leído algún recurso de Deseo Ser Puro o has asistido a un evento de Deseo Ser Puro, probablemente hayas oído la frase: "Esforzarse más no funciona". Eso no significa que el trabajo en el que estás a punto de embarcarte en Siete Pilares de Libertad vaya a ser fácil. Si se hace correctamente, este trabajo será uno de los más desafiantes emocional, mental y espiritualmente que jamás hayas completado. "Esforzarse más" es tratar de verse bien y mantener la compostura. El trabajo duro en este estudio consiste en evaluar cómo te ves a ti mismo, a las personas importantes en tu vida y a Dios, y cómo crees que Dios te ve. Es un proceso diario de invertir más tiempo y energía en tu sanación que el tiempo y la energía que invertías en tu adicción.

El propósito de este diario es reforzar el compromiso diario con la salud, al que nos referimos como autocuidado. El autocuidado es vital para tu sobriedad, así como para tu crecimiento espiritual. Es imperativo que invierta en su recuperación todos los días. En las páginas siguientes, encontrarás una lista de las herramientas proporcionadas en este diario para ayudarte a desarrollar esta disciplina diaria.

COMPROMISO DE CAMBIO

Se trata de un desafío al que te enfrentarás durante la semana o de un comportamiento que has identificado que necesitas cambiar. Este Compromiso de cambio trata de algo que has identificado y que te ayudará a avanzar en tu restauración. Rellena el Compromiso de Cambio en tu tiempo de grupo y evalúa el

Doble Compromiso (a qué tienes que renunciar para hacer este cambio).

COMPAÑERO DE VIDEO

Navegar por el camino de la sanación puede ser todo un reto. A lo largo de este grupo, queremos equiparte con todas las herramientas que necesitas para dar lo mejor de ti en cada lección. Por esta razón, hemos creado un video de acompañamiento para cada lección de este grupo, incluyendo la introducción y la conclusión. Ver estos videos te ayudará a tener una experiencia de grupo fantástica que te cambiará la vida. Asegúrate de ver estos videos durante la semana antes de empezar a trabajar en la lección, ya que escucharás ideas y consejos útiles sobre esa lección de nuestro Director Ejecutivo, Nick Stumbo. Cada video dura entre 4 y 5 minutos. Puedes acceder a estos videos en cualquier momento accediendo a tu cuenta en puredesire.org/courses.

Ve los dos videos que se encuentran en "Comienza aquí" en el Video complementario (Introducción y Las herramientas) antes de comenzar el grupo.

DEVOCIONAL

El campo de batalla por la pureza está totalmente en tu mente. Pablo declara en Romanos 12:2 que la transformación es un proceso de renovación de la mente. Por eso es tan importante que pases tiempo en la Palabra de Dios. En este diario hemos incluido un estudio semanal del libro de Proverbios. Si tienes un plan de lectura diario, toma un día cada semana y pasa tu tiempo devocional con tu grupo de Deseo Ser Puro en Proverbios. Si no lees regularmente tu Biblia, aprovecha esta oportunidad para comenzar a leerla al menos una vez por semana.

ESCALA FASTER

Debes elegir al menos tres días a la semana en los que te comprometerás a llamar a otro miembro del grupo. Antes de cada llamada, revisa la Escala FASTER e identifica cuánto has bajado en la escala desde la última llamada o reunión de grupo, basándote en las emociones y comportamientos que has experimentado. Durante la llamada, responde a las tres preguntas siguientes relativas a tu posición en la Escala FASTER, así como a las dos preguntas de seguimiento:

ESCALA FASTER:

- ¿Cómo te afecta? ¿Cómo actúas o te sientes?
- ¿Cómo afecta a las personas importantes de tu vida?

- ¿Por qué lo haces? ¿Cuál es el beneficio para ti?

SEGUIMIENTO:

- ¿Qué necesitas hacer para volver a la restauración?
- ¿Cómo vas con tu Compromiso de Cambio?

REVISIÓN EN GRUPO

Este cuestionario te ayudará a evaluar los patrones que identificaste en la Escala FASTER, el progreso que has hecho en tu Compromiso de cambio y el progreso que estás haciendo en las relaciones importantes de tu vida cada semana.

Dedica al menos treinta minutos al día a realizar los deberes, hacer llamadas, leer el devocional semanal, evaluar tu Escala FASTER o completar tu Registro de Grupo. A continuación se muestra un ejemplo de horario para completar el trabajo en una semana típica.

Martes	Fui al grupo
Miércoles	Miré el video y completé la lectura del Pilar Dos: Lección Tres.
Jueves	Repasamos la Escala FASTER, llamamos a Joe para hablar del Doble Desafío relacionado con la aceleración.
Viernes	Leí el Devocional, completé el Ejercicio SWORD
Sábado	Trabajamos en la Escala FASTER, llamamos a Steve, contestamos las preguntas de la Lección Tres.
Domingo	Trabajé en la Escala FASTER, llamé a Tim, terminé la tarea de la Lección Tres.
Lunes	Rellenar el registro de grupo

Este proceso será desafiante; requerirá tiempo y energía para hacerlo bien. Nuestra oración es que el viaje valga la pena. Una vida libre de adicción es una gran bendición, pero el viaje de crecimiento espiritual y emocional es una recompensa aún mayor.

EJERCICIO SWORD

APRENDE A LLEVAR UN DIARIO EN RESPUESTA A LA PALABRA DE DIOS

Practica el Ejercicio SWORD a lo largo de tu tiempo en este cuaderno de trabajo. De lo contrario, las verdades que descubras no estarán ligadas a las Escrituras y carecerán de poder transformador. En otras palabras, serás tocado, pero no cambiado. Este proceso involucra una de las renovaciones más significativas de tu mente que jamás hayas experimentado y eso solo sucede cuando encuentras el poder sobrenatural de la Palabra de Dios en tu corazón y no solo en tu cabeza.

A través de los años he encontrado que el término SWORD es muy útil en el proceso de llevar un diario. Me recuerda que se trata de una guerra espiritual. Esto no es solo un proceso clínico; esto es GUERRA. Necesito abordar cada día del resto de mi vida con el arma de la Palabra de Dios en mi corazón y en mi boca.

SWORD (S - ESCRITURA. W - ESPERAR. O - OBSERVAR. R - PEDIR. D - DEDICARTE.)

S - ESCRITURA

Aprenderás muchas grandes verdades neurológicas y psicológicas en este libro de trabajo. Pero el verdadero cambio en tu dirección en la vida sólo viene de la Palabra de Dios. Esta vida es sólo la página introductoria a la eternidad. Vivirás con el carácter que desarrolles en esta corta vida aquí en la tierra. De hecho, solo te llevas dos cosas de este mundo: carácter y relaciones. Y aparte de la gracia de Dios y la sabiduría de Su Palabra, te equivocarás en ambas cosas. La Palabra de Dios es la esperanza de mi corazón; habla de esperanza renovada cuando me he dado por vencido y da coraje a mi alma cuando me enfrento a probabilidades abrumadoras.

W - ESPERAR

He hecho las lecturas diarias de las Escrituras a través de la Biblia, y a la larga me dejan vacío. Estoy tan ocupado leyendo los pasajes requeridos para terminar la Biblia en un año que se convierte en otra cosa frenética que hago en mi ajetreada vida. La tradición benedictina de la Lectio Divina lo entiende bien; es la antigua práctica de leer las Escrituras meditativamente, no para dominar la Palabra, no para criticar la Palabra, sino para ser dominado y desafiado por la Palabra. Es el proceso de permitir que la Palabra nos lea e interprete.

Inténtalo: lee primero el pasaje de rodillas.
Léelo en voz alta, despacio, con atención. Después, haz una pausa para asimilarlo. Vuelve a leer el pasaje en voz alta, esta vez haciéndote la pregunta: "¿Dónde estoy yo en el pasaje?". Por último, vuelve a leer el pasaje fijándote en qué palabra o palabras saltan a la vista, captando tu atención. Medita sobre esas palabras. Reflexiona sobre ellas durante un rato.

O - OBSERVAR

Anotar lo que observas aclara los procesos de pensamiento e implica a toda otra sección de tu cerebro. Ahora toma asiento y lee el pasaje con lápiz en mano y anota lo que has observado.

R - PEDIR AL ESPÍRITU SANTO QUE TE AYUDE A VER CÓMO TODO ESTO SE APLICA A TU VIDA

Este no es un proceso académico, sino un proceso del corazón. Estás pidiendo específicamente a la Palabra que te lea. Este es un proceso sobrenatural que frecuentemente desencadena una cascada neuroquímica de nuevo entendimiento donde tu mente está siendo renovada.

D - DEDICARTE A TI MISMO

La única cosa que nos mueve de ser simplemente tocados por Dios a ser verdaderamente cambiados es el compromiso de nuestro corazón y voluntad. Esforzarnos más nunca nos llevará en la dirección correcta cuando se trata de liberarnos de nuestras luchas sexuales. Pero una vez que el Espíritu Santo nos dirige en la dirección correcta, dedicarnos a esa dirección en la vida nos cambiará.

PILAR UNO
LECCIÓN UNO

LA DIRECCIÓN DETERMINA EL DESTINO
PÁG / 34 DEL LIBRO DE TRABAJO

- ☐ Las herramientas de video
- ☐ Video de introducción a los siete pilares
- ☐ Video de introducción al primer pilar
- ☐ Pilar Uno: Video de la Lección Uno
- ☐ Tarea para el Libro de trabajo
- ☐ *Lecturas de* Deseo Ser Puro
- ☐ Compromiso de cambio
- ☐ Devocional
- ☐ Escala FASTER
- ☐ Comprobación grupal

+   Lee el capítulo 1 de Deseo Ser Puro. ¿Cuáles fueron tus observaciones?

COMPROMISO DE CAMBIO

1. ¿Qué área necesitas cambiar o a qué reto te enfrentas la próxima semana?

2. ¿Qué coste emocional tendrá el cambio? ¿A qué miedo tendrás que enfrentarte?

3. ¿Qué te costará si no cambias?

4. ¿Cuál es tu plan para mantener tu restauración con respecto a estos cambios?

5. ¿Ante quién tendrás que rendir cuentas cuando asumas este compromiso?

6. ¿Cuáles son los detalles de este compromiso? ¿Qué información compartirás con tu equipo de rendición de cuentas cuando te comuniques con ellos esta semana?

DEVOCIONAL

²¹ Con palabras persuasivas lo convenció;

con halagos de sus labios lo sedujo.

²² Y él enseguida fue tras ella,

como el buey que va camino al matadero;

como el ciervo que cae en la trampa,

²³ hasta que una flecha le abre las entrañas;

como el ave que se lanza contra la red,

sin saber que en ello le va la vida.

²⁴ Así que, hijo mío, escúchame;

presta atención a mis palabras.

²⁵ No desvíes tu corazón hacia sus sendas

ni te extravíes por sus caminos,

²⁶ pues muchos han muerto por su causa;

sus víctimas han sido innumerables.

²⁷ Su casa lleva derecho al sepulcro;

conduce a las habitaciones de la muerte..

PROVERBIOS 7:21-27

 Lee Proverbios 7.

EJERCICIO SWORD

S Escritura - ¿Qué versículo o grupo de versículos te llamó la atención en la lectura de Proverbios? Escríbelo a continuación.

W Esperar - Dedica unos momentos a esperar en el Espíritu Santo. Deja a un lado los pensamientos y preocupaciones del día. Medita en la Escritura. Lee los versículos anteriores en voz alta, lenta y atentamente. Después, haz una pausa para asimilarlo. Deja que el Espíritu Santo te hable.

O Observar - ¿Qué has notado en los versículos anteriores? ¿Te ha dicho algo el Espíritu Santo? Escribe tu observación a continuación..

R Pedir - Pídele a Dios que te muestre dónde y cómo la Escritura y la observación se aplican a tu vida. Escribe la aplicación abajo.

D Dedicar – Al mirar cómo la Escritura se aplica a ti, ¿qué es una cosa que necesitas cambiar? Recuerda que no se trata necesariamente de algo que debas hacer (o dejar de hacer). Tal vez el cambio esté en la forma en que te ves a ti mismo o a los demás.

ESCALA FASTER

Adaptado con permiso de El *Proceso Génesis por* Michael Dye.

- Marca con un círculo los comportamientos con los que te identificas en cada sección.
- Identifica el comportamiento más poderoso de cada sección y escríbelo junto junto al epígrafe correspondiente.
- Responde a las tres preguntas siguientes:
  1. ¿Cómo me afecta? ¿Cómo me siento en ese momento?
  2. ¿Cómo afecta a las personas importantes de mi vida?
  3. ¿Por qué lo hago? ¿Cuál es el beneficio para mí?

RESTAURACIÓN _____

(Aceptar la vida en los términos de Dios, con confianza, gracia, misericordia, vulnerabilidad y gratitud) No tener secretos actuales; trabajar para resolver los problemas; identificar los miedos y los sentimientos; mantener los compromisos con las reuniones, la oración, la familia, la iglesia, las personas, los objetivos y uno mismo; ser abierto y honesto, hacer contacto visual; aumentar las relaciones con Dios y con los demás; la verdadera responsabilidad.

1. _____
2. _____
3. _____

OLVIDAR PRIORIDADES _____

(Empiezas a creer en las circunstancias actuales y te alejas de la confianza en Dios. Negación; huida; un cambio en lo que es importante; cómo gastas tu tiempo, energía y pensamientos) Secretos; menos tiempo/energía para Dios, reuniones, iglesia; evitar a las personas de apoyo y responsabilidad; conversaciones superficiales; sarcasmo; aislamiento; cambios en las metas; obsesión por las relaciones; romper promesas y compromisos; descuidar a la familia; preocupación por las cosas materiales, TV, computadoras, entretenimiento; procrastinación; mentir; exceso de confianza; aburrimiento; esconder dinero; manejo de la imagen; buscar controlar las situaciones y a otras personas.

1. _____
2. _____
3. _____

Pilar Uno · Lección Uno | 11

Ansiedad

(Un creciente ruido de fondo de miedo indefinido; obtener energía de las emociones.) Preocuparse, usar palabras soeces, ser temeroso; ser resentido; reproducir viejos pensamientos negativos; perfeccionismo; juzgar los motivos de los demás; hacer metas y listas que no puedes completar; leer la mente; fantasía, rescate codependiente; problemas de sueño, problemas de concentración, búsqueda/creación de drama; chismes; uso de medicamentos sin receta para el dolor, el sueño o el control del peso; coqueteo.

1. _____
_____
2. _____
_____
3. _____
_____

Aceleración

(Intentar superar la ansiedad, que suele ser el primer signo de depresión). Súper ocupado y siempre con prisa (encontrando buenas razones para justificar el trabajo); adicto al trabajo; no puedes relajarte; evitas bajar el ritmo; te sientes impulsado; no puedes apagar los pensamientos; te salta las comidas; te das atracones (normalmente por la noche); gastas en exceso; no puedes identificar tus propios sentimientos/necesidades; pensamientos negativos repetitivos; irritable; cambios de humor drásticos; demasiada cafeína; exceso de ejercicio; nerviosismo; dificultad para estar solo y/o con la gente; dificultad para escuchar a los demás; poner excusas por tener que "hacerlo todo".

1. _____
_____
2. _____
_____
3. _____
_____

Enojarse

(Subida de adrenalina por la ira y la agresividad.) Procrastinación que causa crisis en el dinero, el trabajo y las relaciones; aumento del sarcasmo; pensamiento en blanco y negro (todo o nada); sentirte solo; nadie entiende; reaccionar de forma exagerada, rabia en la carretera; resentimientos constantes; alejar a los demás; aumento del aislamiento; culpar; discutir; pensamiento irracional; no aceptar las críticas; estar a la defensiva; que la gente

te evite; necesitar tener la razón; problemas digestivos; dolores de cabeza; pensamientos obsesivos (atascados); no poder perdonar; sentirte superior; utilizar la intimidación.

1. _____
2. _____
3. _____

AGOTAMIENTO

(Pérdida de energía física y emocional; salida del subidón de adrenalina y aparición de la depresión). Depresión; pánico; confusión; desesperanza; dormir demasiado o muy poco; no poder hacer frente a la situación; estar abrumado; llorar "sin razón"; no poder pensar; olvido; pesimismo; impotencia; cansancio; entumecimiento; querer huir; antojos constantes de antiguos comportamientos de afrontamiento; pensar en consumir sexo, drogas o alcohol; buscar a las antiguas personas y lugares insanos; aislarse mucho; que la gente se enfade contigo; maltratarte a ti mismo; pensamientos suicidas; llorar espontáneamente; no tener objetivos; modo de supervivencia; no devolver las llamadas telefónicas; faltar al trabajo; irritabilidad; no tener apetito.

1. _____
2. _____
3. _____

RECAÍDA

–(Volver al lugar al que juraste no volver a ir. Enfrentándote a la vida en tus términos. Sentándote en el asiento del conductor en lugar de Dios) Rendirte y ceder; estar fuera de control; perderte en tu adicción; mentirte a ti mismo y a los demás; sentir que no puedes arreglártelas sin tus conductas de afrontamiento, al menos por ahora. El resultado es el refuerzo de la vergüenza, la culpa y la condena; y los sentimientos de abandono y de estar solo.

1. _____
2. _____
3. _____

COMPROBACIÓN GRUPAL

COMPLETAR 24 HORAS ANTES DEL GRUPO

1 ¿Cuál es el nivel más bajo que has alcanzado *en la escala* FASTER esta semana?

2 ¿Cuál era el *Doble Desafío* al que te enfrentabas?

3 ¿En qué punto de tu *Compromiso de Cambio* te encuentras con respecto a la última reunión?

4 ¿Has mentido a alguien esta semana, directa o indirectamente?

5 ¿Qué has hecho esta semana para mejorar la relación con tu esposa u otras relaciones significativas?

PILAR UNO
LECCIÓN DOS

PUNTOS DE IMPOTENCIA
PÁG /46 DEL LIBRO DE TRABAJO

- ☐ Pilar Uno: Video de la Lección Dos
- ☐ Tarea para el Libro de trabajo
- ☐ *Lecturas de* Deseo Ser Puro
- ☐ Compromiso de cambio
- ☐ Devocional
- ☐ Escala FASTER
- ☐ Comprobación grupal

+ Lee el capítulo 2 de Deseo Ser Puro. ¿Cuáles fueron tus observaciones?

COMPROMISO DE CAMBIO

1. ¿Qué área necesitas cambiar o a qué reto te enfrentas la próxima semana?

2. ¿Qué coste emocional tendrá el cambio? ¿A qué miedo tendrás que enfrentarte?

3. ¿Qué te costará si no cambias?

4. ¿Cuál es tu plan para mantener tu restauración con respecto a estos cambios?

5. ¿Ante quién tendrás que rendir cuentas cuando asumas este compromiso?

6. ¿Cuáles son los detalles de este compromiso? ¿Qué información compartirás con tu equipo de rendición de cuentas cuando te comuniques con ellos esta semana?

DEVOCIONAL

¹⁶ Quien se aparta de la senda de la prudencia

irá a parar entre los muertos.

¹⁷ El que ama el placer se quedará en la pobreza;

el que ama el vino y los perfumes jamás será rico.

¹⁸ El malvado pagará por el justo

y el traidor, por el hombre intachable.

¹⁹ Más vale habitar en el desierto

que con mujer pendenciera y de mal genio.

²⁰ En casa del sabio abundan las riquezas y el perfume,

pero el necio todo lo despilfarra.

²¹ El que va tras la justicia y el amor

halla vida, justicia y honra.

²² El sabio conquista la ciudad de los poderosos

y derriba el baluarte en que ellos confiaban.

²³ El que refrena su boca y su lengua

se libra de muchas angustias.

PROVERBIOS 21:16-23

 Lee Proverbios 21.

EJERCICIO SWORD

S Escritura - ¿Qué versículo o grupo de versículos te llamó la atención en la lectura de Proverbios? Escríbelo a continuación.

W Esperar - Dedica unos momentos a esperar en el Espíritu Santo. Deja a un lado los pensamientos y preocupaciones del día. Medita en la Escritura. Lee los versículos anteriores en voz alta, lenta y atentamente. Después, haz una pausa para asimilarlo. Deja que el Espíritu Santo te hable.

O Observar - ¿Qué has notado en los versículos anteriores? ¿Te ha dicho algo el Espíritu Santo? Escribe tu observación a continuación..

R Pedir - Pídele a Dios que te muestre dónde y cómo la Escritura y la observación se aplican a tu vida. Escribe la aplicación abajo.

D Dedicar – Al mirar cómo la Escritura se aplica a ti, ¿qué es una cosa que necesitas cambiar? Recuerda que no se trata necesariamente de algo que debas hacer (o dejar de hacer). Tal vez el cambio esté en la forma en que te ves a ti mismo o a los demás.

ESCALA FASTER

Adaptado con permiso de El *Proceso Génesis por* Michael Dye.

- Marca con un círculo los comportamientos con los que te identificas en cada sección.
- Identifica el comportamiento más poderoso de cada sección y escríbelo junto junto al epígrafe correspondiente.
- Responde a las tres preguntas siguientes:
    1. ¿Cómo me afecta? ¿Cómo me siento en ese momento?
    2. ¿Cómo afecta a las personas importantes de mi vida?
    3. ¿Por qué lo hago? ¿Cuál es el beneficio para mí?

RESTAURACIÓN _____

(Aceptar la vida en los términos de Dios, con confianza, gracia, misericordia, vulnerabilidad y gratitud) No tener secretos actuales; trabajar para resolver los problemas; identificar los miedos y los sentimientos; mantener los compromisos con las reuniones, la oración, la familia, la iglesia, las personas, los objetivos y uno mismo; ser abierto y honesto, hacer contacto visual; aumentar las relaciones con Dios y con los demás; la verdadera responsabilidad.

1. _____
2. _____
3. _____

OLVIDAR PRIORIDADES _____

(Empiezas a creer en las circunstancias actuales y te alejas de la confianza en Dios. Negación; huida; un cambio en lo que es importante; cómo gastas tu tiempo, energía y pensamientos) Secretos; menos tiempo/energía para Dios, reuniones, iglesia; evitar a las personas de apoyo y responsabilidad; conversaciones superficiales; sarcasmo; aislamiento; cambios en las metas; obsesión por las relaciones; romper promesas y compromisos; descuidar a la familia; preocupación por las cosas materiales, TV, computadoras, entretenimiento; procrastinación; mentir; exceso de confianza; aburrimiento; esconder dinero; manejo de la imagen; buscar controlar las situaciones y a otras personas.

1. _____
2. _____
3. _____

Pilar Uno | Lección Dos | 19

Ansiedad

(Un creciente ruido de fondo de miedo indefinido; obtener energía de las emociones.) Preocuparse, usar palabras soeces, ser temeroso; ser resentido; reproducir viejos pensamientos negativos; perfeccionismo; juzgar los motivos de los demás; hacer metas y listas que no puedes completar; leer la mente; fantasía, rescate codependiente; problemas de sueño, problemas de concentración, búsqueda/creación de drama; chismes; uso de medicamentos sin receta para el dolor, el sueño o el control del peso; coqueteo.

1. _____
2. _____
3. _____

Aceleración

(Intentar superar la ansiedad, que suele ser el primer signo de depresión). Súper ocupado y siempre con prisa (encontrando buenas razones para justificar el trabajo); adicto al trabajo; no puedes relajarte; evitas bajar el ritmo; te sientes impulsado; no puedes apagar los pensamientos; te salta las comidas; te das atracones (normalmente por la noche); gastas en exceso; no puedes identificar tus propios sentimientos/necesidades; pensamientos negativos repetitivos; irritable; cambios de humor drásticos; demasiada cafeína; exceso de ejercicio; nerviosismo; dificultad para estar solo y/o con la gente; dificultad para escuchar a los demás; poner excusas por tener que "hacerlo todo"

1. _____
2. _____
3. _____

Enojarse

(Subida de adrenalina por la ira y la agresividad.) Procrastinación que causa crisis en el dinero, el trabajo y las relaciones; aumento del sarcasmo; pensamiento en blanco y negro (todo o nada); sentirte solo; nadie entiende; reaccionar de forma exagerada, rabia en la carretera; resentimientos constantes; alejar a los demás; aumento del aislamiento; culpar; discutir; pensamiento irracional; no aceptar las críticas; estar a la defensiva; que la gente te evite; necesitar tener la razón; problemas digestivos; dolores de cabeza; pensamientos obsesivos (atascados); no poder perdonar; sentirte superior; utilizar la intimidación.

1. _____
2. _____
3. _____

AGOTAMIENTO _____

(Pérdida de energía física y emocional; salida del subidón de adrenalina y aparición de la depresión). Depresión; pánico; confusión; desesperanza; dormir demasiado o muy poco; no poder hacer frente a la situación; estar abrumado; llorar "sin razón"; no poder pensar; olvido; pesimismo; impotencia; cansancio; entumecimiento; querer huir; antojos constantes de antiguos comportamientos de afrontamiento; pensar en consumir sexo, drogas o alcohol; buscar a las antiguas personas y lugares insanos; aislarse mucho; que la gente se enfade contigo; maltratarte a ti mismo; pensamientos suicidas; llorar espontáneamente; no tener objetivos; modo de supervivencia; no devolver las llamadas telefónicas; faltar al trabajo; irritabilidad; no tener apetito.

1. _____
2. _____
3. _____

RECAÍDA _____

–(Volver al lugar al que juraste no volver a ir. Enfrentándote a la vida en tus términos. Sentándote en el asiento del conductor en lugar de Dios) Rendirte y ceder; estar fuera de control; perderte en tu adicción; mentirte a ti mismo y a los demás; sentir que no puedes arreglártelas sin tus conductas de afrontamiento, al menos por ahora. El resultado es el refuerzo de la vergüenza, la culpa y la condena; y los sentimientos de abandono y de estar solo.

1. _____
2. _____
3. _____

COMPROBACIÓN GRUPAL

COMPLETAR 24 HORAS ANTES DEL GRUPO

1 ¿Cuál es el nivel más bajo que has alcanzado *en la escala* FASTER esta semana?

2 ¿Cuál era el *Doble Desafío* al que te enfrentabas?

3 ¿En qué punto de tu *Compromiso de Cambio* te encuentras con respecto a la última reunión?

4 ¿Has mentido a alguien esta semana, directa o indirectamente?

5 ¿Qué has hecho esta semana para mejorar la relación con tu esposa u otras relaciones significativas?

PILAR UNO
LECCIÓN TRES

SALIR DE LA AUTOPISTA DE LA NEGACIÓN
PÁG / 53 DEL LIBRO DE TRABAJO

- ☐ Pilar Uno: Video de la Lección Tres
- ☐ Tarea para el Libro de trabajo
- ☐ Compromiso de cambio
- ☐ Devocional
- ☐ Escala FASTER
- ☐ Comprobación grupal

COMPROMISO DE CAMBIO

1. ¿Qué área necesitas cambiar o a qué reto te enfrentas la próxima semana?

2. ¿Qué coste emocional tendrá el cambio? ¿A qué miedo tendrás que enfrentarte?

3. ¿Qué te costará si no cambias?

4. ¿Cuál es tu plan para mantener tu restauración con respecto a estos cambios?

5. ¿Ante quién tendrás que rendir cuentas cuando asumas este compromiso?

6. ¿Cuáles son los detalles de este compromiso? ¿Qué información compartirás con tu equipo de rendición de cuentas cuando te comuniques con ellos esta semana?

DEVOCIONAL

La sabiduría construyó su casa

   y labró sus siete pilares.

² Preparó la carne, mezcló su vino

   y también tendió la mesa.

³ Envió a sus doncellas y ahora clama

   desde lo más alto de la ciudad.

⁴ «¡Vengan conmigo los inexpertos!

   —dice a los faltos de juicio—.

⁵ Vengan, disfruten de mi pan

   y beban del vino que he mezclado.

⁶ Dejen su insensatez y vivirán;

   anden por el camino del discernimiento.

⁷ »El que corrige al insolente se gana que lo insulten;

   el que reprende al malvado se gana su desprecio.

⁸ No reprendas al insolente, no sea que acabe por odiarte;

   reprende al sabio y te amará

PROVERBIOS 9:1-8

 Lee Proverbios 9.

EJERCICIO SWORD

S Escritura - ¿Qué versículo o grupo de versículos te llamó la atención en la lectura de Proverbios? Escríbelo a continuación.

W Esperar - Dedica unos momentos a esperar en el Espíritu Santo. Deja a un lado los pensamientos y preocupaciones del día. Medita en la Escritura. Lee los versículos anteriores en voz alta, lenta y atentamente. Después, haz una pausa para asimilarlo. Deja que el Espíritu Santo te hable.

O Observar - ¿Qué has notado en los versículos anteriores? ¿Te ha dicho algo el Espíritu Santo? Escribe tu observación a continuación..

R Pedir - Pídele a Dios que te muestre dónde y cómo la Escritura y la observación se aplican a tu vida. Escribe la aplicación abajo.

D Dedicar – Al mirar cómo la Escritura se aplica a ti, ¿qué es una cosa que necesitas cambiar? Recuerda que no se trata necesariamente de algo que debas hacer (o dejar de hacer). Tal vez el cambio esté en la forma en que te ves a ti mismo o a los demás.

ESCALA FASTER

Adaptado con permiso de El Proceso *Génesis* por Michael Dye.

- Marca con un círculo los comportamientos con los que te identificas en cada sección.
- Identifica el comportamiento más poderoso de cada sección y escríbelo junto junto al epígrafe correspondiente.
- Responde a las tres preguntas siguientes:
  1. ¿Cómo me afecta? ¿Cómo me siento en ese momento?
  2. ¿Cómo afecta a las personas importantes de mi vida?
  3. ¿Por qué lo hago? ¿Cuál es el beneficio para mí?

RESTAURACIÓN _____

(Aceptar la vida en los términos de Dios, con confianza, gracia, misericordia, vulnerabilidad y gratitud) No tener secretos actuales; trabajar para resolver los problemas; identificar los miedos y los sentimientos; mantener los compromisos con las reuniones, la oración, la familia, la iglesia, las personas, los objetivos y uno mismo; ser abierto y honesto, hacer contacto visual; aumentar las relaciones con Dios y con los demás; la verdadera responsabilidad.

1. _____
2. _____
3. _____

OLVIDAR PRIORIDADES _____

(Empiezas a creer en las circunstancias actuales y te alejas de la confianza en Dios. Negación; huida; un cambio en lo que es importante; cómo gastas tu tiempo, energía y pensamientos) Secretos; menos tiempo/energía para Dios, reuniones, iglesia; evitar a las personas de apoyo y responsabilidad; conversaciones superficiales; sarcasmo; aislamiento; cambios en las metas; obsesión por las relaciones; romper promesas y compromisos; descuidar a la familia; preocupación por las cosas materiales, TV, computadoras, entretenimiento; procrastinación; mentir; exceso de confianza; aburrimiento; esconder dinero; manejo de la imagen; buscar controlar las situaciones y a otras personas.

1. _____
2. _____
3. _____

Ansiedad

(Un creciente ruido de fondo de miedo indefinido; obtener energía de las emociones.) Preocuparse, usar palabras soeces, ser temeroso; ser resentido; reproducir viejos pensamientos negativos; perfeccionismo; juzgar los motivos de los demás; hacer metas y listas que no puedes completar; leer la mente; fantasía, rescate codependiente; problemas de sueño, problemas de concentración, búsqueda/creación de drama; chismes; uso de medicamentos sin receta para el dolor, el sueño o el control del peso; coqueteo.

1. _____
2. _____
3. _____

Aceleración

(Intentar superar la ansiedad, que suele ser el primer signo de depresión). Súper ocupado y siempre con prisa (encontrando buenas razones para justificar el trabajo); adicto al trabajo; no puedes relajarte; evitas bajar el ritmo; te sientes impulsado; no puedes apagar los pensamientos; te salta las comidas; te das atracones (normalmente por la noche); gastas en exceso; no puedes identificar tus propios sentimientos/necesidades; pensamientos negativos repetitivos; irritable; cambios de humor drásticos; demasiada cafeína; exceso de ejercicio; nerviosismo; dificultad para estar solo y/o con la gente; dificultad para escuchar a los demás; poner excusas por tener que "hacerlo todo"

1. _____
2. _____
3. _____

Enojarse

(Subida de adrenalina por la ira y la agresividad.) Procrastinación que causa crisis en el dinero, el trabajo y las relaciones; aumento del sarcasmo; pensamiento en blanco y negro (todo o nada); sentirte solo; nadie entiende; reaccionar de forma exagerada, rabia en la carretera; resentimientos constantes; alejar a los demás; aumento del aislamiento; culpar; discutir; pensamiento irracional; no aceptar las críticas; estar a la defensiva; que la gente

te evite; necesitar tener la razón; problemas digestivos; dolores de cabeza; pensamientos obsesivos (atascados); no poder perdonar; sentirte superior; utilizar la intimidación.

1. _____
2. _____
3. _____

AGOTAMIENTO

(Pérdida de energía física y emocional; salida del subidón de adrenalina y aparición de la depresión). Depresión; pánico; confusión; desesperanza; dormir demasiado o muy poco; no poder hacer frente a la situación; estar abrumado; llorar "sin razón"; no poder pensar; olvido; pesimismo; impotencia; cansancio; entumecimiento; querer huir; antojos constantes de antiguos comportamientos de afrontamiento; pensar en consumir sexo, drogas o alcohol; buscar a las antiguas personas y lugares insanos; aislarse mucho; que la gente se enfade contigo; maltratarte a ti mismo; pensamientos suicidas; llorar espontáneamente; no tener objetivos; modo de supervivencia; no devolver las llamadas telefónicas; faltar al trabajo; irritabilidad; no tener apetito.

1. _____
2. _____
3. _____

RECAÍDA

–(Volver al lugar al que juraste no volver a ir. Enfrentándote a la vida en tus términos. Sentándote en el asiento del conductor en lugar de Dios) Rendirte y ceder; estar fuera de control; perderte en tu adicción; mentirte a ti mismo y a los demás; sentir que no puedes arreglártelas sin tus conductas de afrontamiento, al menos por ahora. El resultado es el refuerzo de la vergüenza, la culpa y la condena; y los sentimientos de abandono y de estar solo.

1. _____
2. _____
3. _____

COMPROBACIÓN GRUPAL

COMPLETAR 24 HORAS ANTES DEL GRUPO

1 ¿Cuál es el nivel más bajo que has alcanzado *en la escala* FASTER esta semana?

2 ¿Cuál era el *Doble Desafío* al que te enfrentabas?

3 ¿En qué punto de tu *Compromiso de Cambio* te encuentras con respecto a la última reunión?

4 ¿Has mentido a alguien esta semana, directa o indirectamente?

5 ¿Qué has hecho esta semana para mejorar la relación con tu esposa u otras relaciones significativas?

PILAR UNO
LECCIÓN CUATRO

EL CAMINO DE LA RECUPERACIÓN
PÁG / 62 DEL LIBRO DE TRABAJO

- [ ] Pilar Uno: video de la Lección Cuatro
- [ ] Tarea para el Libro de trabajo
- [ ] *Lecturas* de Deseo Ser Puro
- [ ] Compromiso de cambio
- [ ] Devocional
- [ ] Escala FASTER
- [ ] Comprobación grupal

+ Lee el capítulo 3 de Deseo Ser Puro . ¿Cuáles fueron tus observaciones?

COMPROMISO DE CAMBIO

1 ¿Qué área necesitas cambiar o a qué reto te enfrentas la próxima semana?

2 ¿Qué coste emocional tendrá el cambio? ¿A qué miedo tendrás que enfrentarte?

3 ¿Qué te costará si no cambias?

4 ¿Cuál es tu plan para mantener tu restauración con respecto a estos cambios?

5 ¿Ante quién tendrás que rendir cuentas cuando asumas este compromiso?

6 ¿Cuáles son los detalles de este compromiso? ¿Qué información compartirás con tu equipo de rendición de cuentas cuando te comuniques con ellos esta semana?

DEVOCIONAL

Hijo mío, no te olvides de mis enseñanzas;

más bien, guarda en tu corazón mis mandamientos.

² Porque prolongarán tu vida muchos años

y te traerán paz.

³ Que nunca te abandonen el amor y la verdad:

llévalos siempre alrededor de tu cuello

y escríbelos en la tabla de tu corazón.

⁴ Contarás con el favor de Dios

y tendrás buen nombre entre la gente.

⁵ Confía en el Señor de todo corazón

y no te apoyes en tu propia inteligencia.

⁶ Reconócelo en todos tus caminos

y él enderezará tus sendas.

⁷ No seas sabio en tu propia opinión;

más bien, teme al Señor y huye del mal.

⁸ Esto infundirá salud a tu cuerpo

y fortalecerá tus huesos

PROVERBIOS 3:1-8

 Lee Proverbios 3.

Pilar Uno   Lección Cuatro

EJERCICIO SWORD

S Escritura - ¿Qué versículo o grupo de versículos te llamó la atención en la lectura de Proverbios? Escríbelo a continuación.

W Esperar - Dedica unos momentos a esperar en el Espíritu Santo. Deja a un lado los pensamientos y preocupaciones del día. Medita en la Escritura. Lee los versículos anteriores en voz alta, lenta y atentamente. Después, haz una pausa para asimilarlo. Deja que el Espíritu Santo te hable.

O Observar - ¿Qué has notado en los versículos anteriores? ¿Te ha dicho algo el Espíritu Santo? Escribe tu observación a continuación..

R Pedir - Pídele a Dios que te muestre dónde y cómo la Escritura y la observación se aplican a tu vida. Escribe la aplicación abajo.

D Dedicar – Al mirar cómo la Escritura se aplica a ti, ¿qué es una cosa que necesitas cambiar? Recuerda que no se trata necesariamente de algo que debas hacer (o dejar de hacer). Tal vez el cambio esté en la forma en que te ves a ti mismo o a los demás.

ESCALA FASTER

Adaptado con permiso de El *Proceso Génesis por* Michael Dye.

- Marca con un círculo los comportamientos con los que te identificas en cada sección.
- Identifica el comportamiento más poderoso de cada sección y escríbelo junto junto al epígrafe correspondiente.
- Responde a las tres preguntas siguientes:
  1. ¿Cómo me afecta? ¿Cómo me siento en ese momento?
  2. ¿Cómo afecta a las personas importantes de mi vida?
  3. ¿Por qué lo hago? ¿Cuál es el beneficio para mí?

RESTAURACIÓN _____

(Aceptar la vida en los términos de Dios, con confianza, gracia, misericordia, vulnerabilidad y gratitud) No tener secretos actuales; trabajar para resolver los problemas; identificar los miedos y los sentimientos; mantener los compromisos con las reuniones, la oración, la familia, la iglesia, las personas, los objetivos y uno mismo; ser abierto y honesto, hacer contacto visual; aumentar las relaciones con Dios y con los demás; la verdadera responsabilidad.

1. _____
2. _____
3. _____

OLVIDAR PRIORIDADES _____

(Empiezas a creer en las circunstancias actuales y te alejas de la confianza en Dios. Negación; huida; un cambio en lo que es importante; cómo gastas tu tiempo, energía y pensamientos) Secretos; menos tiempo/energía para Dios, reuniones, iglesia; evitar a las personas de apoyo y responsabilidad; conversaciones superficiales; sarcasmo; aislamiento; cambios en las metas; obsesión por las relaciones; romper promesas y compromisos; descuidar a la familia; preocupación por las cosas materiales, TV, computadoras, entretenimiento; procrastinación; mentir; exceso de confianza; aburrimiento; esconder dinero; manejo de la imagen; buscar controlar las situaciones y a otras personas.

1. _____
2. _____
3. _____

Pilar Uno | Lección Cuatro | 35

Ansiedad

(Un creciente ruido de fondo de miedo indefinido; obtener energía de las emociones.) Preocuparse, usar palabras soeces, ser temeroso; ser resentido; reproducir viejos pensamientos negativos; perfeccionismo; juzgar los motivos de los demás; hacer metas y listas que no puedes completar; leer la mente; fantasía, rescate codependiente; problemas de sueño, problemas de concentración, búsqueda/creación de drama; chismes; uso de medicamentos sin receta para el dolor, el sueño o el control del peso; coqueteo.

1. _____
2. _____
3. _____

Aceleración

(Intentar superar la ansiedad, que suele ser el primer signo de depresión). Súper ocupado y siempre con prisa (encontrando buenas razones para justificar el trabajo); adicto al trabajo; no puedes relajarte; evitas bajar el ritmo; te sientes impulsado; no puedes apagar los pensamientos; te salta las comidas; te das atracones (normalmente por la noche); gastas en exceso; no puedes identificar tus propios sentimientos/necesidades; pensamientos negativos repetitivos; irritable; cambios de humor drásticos; demasiada cafeína; exceso de ejercicio; nerviosismo; dificultad para estar solo y/o con la gente; dificultad para escuchar a los demás; poner excusas por tener que "hacerlo todo"

1. _____
2. _____
3. _____

Enojarse

(Subida de adrenalina por la ira y la agresividad.) Procrastinación que causa crisis en el dinero, el trabajo y las relaciones; aumento del sarcasmo; pensamiento en blanco y negro (todo o nada); sentirte solo; nadie entiende; reaccionar de forma exagerada, rabia en la carretera; resentimientos constantes; alejar a los demás; aumento del aislamiento; culpar; discutir; pensamiento irracional; no aceptar las críticas; estar a la defensiva; que la gente te evite; necesitar tener la razón; problemas digestivos; dolores de cabeza; pensamientos

obsesivos (atascados); no poder perdonar; sentirte superior; utilizar la intimidación.

1. _____
2. _____
3. _____

Agotamiento _____

(Pérdida de energía física y emocional; salida del subidón de adrenalina y aparición de la depresión). Depresión; pánico; confusión; desesperanza; dormir demasiado o muy poco; no poder hacer frente a la situación; estar abrumado; llorar "sin razón"; no poder pensar; olvido; pesimismo; impotencia; cansancio; entumecimiento; querer huir; antojos constantes de antiguos comportamientos de afrontamiento; pensar en consumir sexo, drogas o alcohol; buscar a las antiguas personas y lugares insanos; aislarse mucho; que la gente se enfade contigo; maltratarte a ti mismo; pensamientos suicidas; llorar espontáneamente; no tener objetivos; modo de supervivencia; no devolver las llamadas telefónicas; faltar al trabajo; irritabilidad; no tener apetito.

1. _____
2. _____
3. _____

Recaída _____

–(Volver al lugar al que juraste no volver a ir. Enfrentándote a la vida en tus términos. Sentándote en el asiento del conductor en lugar de Dios) Rendirte y ceder; estar fuera de control; perderte en tu adicción; mentirte a ti mismo y a los demás; sentir que no puedes arreglártelas sin tus conductas de afrontamiento, al menos por ahora. El resultado es el refuerzo de la vergüenza, la culpa y la condena; y los sentimientos de abandono y de estar solo.

1. _____
2. _____
3. _____

COMPROBACIÓN GRUPAL

COMPLETAR 24 HORAS ANTES DEL GRUPO

1 ¿Cuál es el nivel más bajo que has alcanzado *en la escala* FASTER esta semana?

2 ¿Cuál era el *Doble Desafío* al que te enfrentabas?

3 ¿En qué punto de tu *Compromiso de Cambio* te encuentras con respecto a la última reunión?

4 ¿Has mentido a alguien esta semana, directa o indirectamente?

5 ¿Qué has hecho esta semana para mejorar la relación con tu esposa u otras relaciones significativas?

PILAR DOS
LECCIÓN UNO

ESPERANZA EN MEDIO DE LA DESESPERANZA
PÁG / 72 DEL LIBRO DE TRABAJO

- ☐ Video de introducción al segundo pilar
- ☐ Pilar Dos: video de la Lección Uno
- ☐ Tarea para el Libro de trabajo
- ☐ *Lecturas de* Deseo Ser Puro
- ☐ Compromiso de cambio
- ☐ Devocional
- ☐ Escala FASTER
- ☐ Comprobación grupal

+ Lee el capítulo 4 de Deseo Ser Puro. ¿Cuáles fueron tus observaciones?

COMPROMISO DE CAMBIO

1 ¿Qué área necesitas cambiar o a qué reto te enfrentas la próxima semana?

2 ¿Qué coste emocional tendrá el cambio? ¿A qué miedo tendrás que enfrentarte?

3 ¿Qué te costará si no cambias?

4 ¿Cuál es tu plan para mantener tu restauración con respecto a estos cambios?

5 ¿Ante quién tendrás que rendir cuentas cuando asumas este compromiso?

6 ¿Cuáles son los detalles de este compromiso? ¿Qué información compartirás con tu equipo de rendición de cuentas cuando te comuniques con ellos esta semana?

DEVOCIONAL

Hijo mío, si haces tuyas mis palabras

y atesoras mis mandamientos;

² si tu oído inclinas hacia la sabiduría

y de corazón te entregas a la inteligencia;

³ si la llamas y pides entendimiento;

⁴ si la buscas como a la plata,

como a un tesoro escondido,

⁵ entonces comprenderás el temor del Señor

y hallarás el conocimiento de Dios.

⁶ Porque el Señor da la sabiduría;

conocimiento e inteligencia brotan de sus labios.

⁷ Él reserva el éxito para los íntegros

y es escudo a los de conducta intachable.

⁸ Él cuida el sendero de los justos

y protege el camino de sus fieles

PROVERBIOS 2:1-8

 Lee Proverbios 2.

EJERCICIO SWORD

S Escritura - ¿Qué versículo o grupo de versículos te llamó la atención en la lectura de Proverbios? Escríbelo a continuación.

W Esperar - Dedica unos momentos a esperar en el Espíritu Santo. Deja a un lado los pensamientos y preocupaciones del día. Medita en la Escritura. Lee los versículos anteriores en voz alta, lenta y atentamente. Después, haz una pausa para asimilarlo. Deja que el Espíritu Santo te hable.

O Observar - ¿Qué has notado en los versículos anteriores? ¿Te ha dicho algo el Espíritu Santo? Escribe tu observación a continuación..

R Pedir - Pídele a Dios que te muestre dónde y cómo la Escritura y la observación se aplican a tu vida. Escribe la aplicación abajo.

D Dedicar – Al mirar cómo la Escritura se aplica a ti, ¿qué es una cosa que necesitas cambiar? Recuerda que no se trata necesariamente de algo que debas hacer (o dejar de hacer). Tal vez el cambio esté en la forma en que te ves a ti mismo o a los demás.

ESCALA FASTER

Adaptado con permiso de El Proceso Génesis por Michael Dye.

- Marca con un círculo los comportamientos con los que te identificas en cada sección.
- Identifica el comportamiento más poderoso de cada sección y escríbelo junto junto al epígrafe correspondiente.
- Responde a las tres preguntas siguientes:
    1. ¿Cómo me afecta? ¿Cómo me siento en ese momento?
    2. ¿Cómo afecta a las personas importantes de mi vida?
    3. ¿Por qué lo hago? ¿Cuál es el beneficio para mí?

Restauración _____

(Aceptar la vida en los términos de Dios, con confianza, gracia, misericordia, vulnerabilidad y gratitud) No tener secretos actuales; trabajar para resolver los problemas; identificar los miedos y los sentimientos; mantener los compromisos con las reuniones, la oración, la familia, la iglesia, las personas, los objetivos y uno mismo; ser abierto y honesto, hacer contacto visual; aumentar las relaciones con Dios y con los demás; la verdadera responsabilidad.

1. _____
2. _____
3. _____

Olvidar prioridades _____

(Empiezas a creer en las circunstancias actuales y te alejas de la confianza en Dios. Negación; huida; un cambio en lo que es importante; cómo gastas tu tiempo, energía y pensamientos) Secretos; menos tiempo/energía para Dios, reuniones, iglesia; evitar a las personas de apoyo y responsabilidad; conversaciones superficiales; sarcasmo; aislamiento; cambios en las metas; obsesión por las relaciones; romper promesas y compromisos; descuidar a la familia; preocupación por las cosas materiales, TV, computadoras, entretenimiento; procrastinación; mentir; exceso de confianza; aburrimiento; esconder dinero; manejo de la imagen; buscar controlar las situaciones y a otras personas.

1. _____
2. _____
3. _____

ANSIEDAD

(Un creciente ruido de fondo de miedo indefinido; obtener energía de las emociones.) Preocuparse, usar palabras soeces, ser temeroso; ser resentido; reproducir viejos pensamientos negativos; perfeccionismo; juzgar los motivos de los demás; hacer metas y listas que no puedes completar; leer la mente; fantasía, rescate codependiente; problemas de sueño, problemas de concentración, búsqueda/creación de drama; chismes; uso de medicamentos sin receta para el dolor, el sueño o el control del peso; coqueteo.

1. _____
2. _____
3. _____

ACELERACIÓN

(Intentar superar la ansiedad, que suele ser el primer signo de depresión). Súper ocupado y siempre con prisa (encontrando buenas razones para justificar el trabajo); adicto al trabajo; no puedes relajarte; evitas bajar el ritmo; te sientes impulsado; no puedes apagar los pensamientos; te salta las comidas; te das atracones (normalmente por la noche); gastas en exceso; no puedes identificar tus propios sentimientos/necesidades; pensamientos negativos repetitivos; irritable; cambios de humor drásticos; demasiada cafeína; exceso de ejercicio; nerviosismo; dificultad para estar solo y/o con la gente; dificultad para escuchar a los demás; poner excusas por tener que "hacerlo todo"

1. _____
2. _____
3. _____

ENOJARSE

(Subida de adrenalina por la ira y la agresividad.) Procrastinación que causa crisis en el dinero, el trabajo y las relaciones; aumento del sarcasmo; pensamiento en blanco y negro (todo o nada); sentirte solo; nadie entiende; reaccionar de forma exagerada, rabia en la carretera; resentimientos constantes; alejar a los demás; aumento del aislamiento; culpar; discutir; pensamiento irracional; no aceptar las críticas; estar a la defensiva; que la gente te evite; necesitar tener la razón; problemas digestivos; dolores de cabeza; pensamientos

obsesivos (atascados); no poder perdonar; sentirte superior; utilizar la intimidación.

1. _____
2. _____
3. _____

Agotamiento

(Pérdida de energía física y emocional; salida del subidón de adrenalina y aparición de la depresión). Depresión; pánico; confusión; desesperanza; dormir demasiado o muy poco; no poder hacer frente a la situación; estar abrumado; llorar "sin razón"; no poder pensar; olvido; pesimismo; impotencia; cansancio; entumecimiento; querer huir; antojos constantes de antiguos comportamientos de afrontamiento; pensar en consumir sexo, drogas o alcohol; buscar a las antiguas personas y lugares insanos; aislarse mucho; que la gente se enfade contigo; maltratarte a ti mismo; pensamientos suicidas; llorar espontáneamente; no tener objetivos; modo de supervivencia; no devolver las llamadas telefónicas; faltar al trabajo; irritabilidad; no tener apetito.

1. _____
2. _____
3. _____

Recaída

–(Volver al lugar al que juraste no volver a ir. Enfrentándote a la vida en tus términos. Sentándote en el asiento del conductor en lugar de Dios) Rendirte y ceder; estar fuera de control; perderte en tu adicción; mentirte a ti mismo y a los demás; sentir que no puedes arreglártelas sin tus conductas de afrontamiento, al menos por ahora. El resultado es el refuerzo de la vergüenza, la culpa y la condena; y los sentimientos de abandono y de estar solo.

1. _____
2. _____
3. _____

COMPROBACIÓN GRUPAL

COMPLETAR 24 HORAS ANTES DEL GRUPO

1. ¿Cuál es el nivel más bajo que has alcanzado *en la escala* FASTER esta semana?

2. ¿Cuál era el *Doble Desafío* al que te enfrentabas?

3. ¿En qué punto de tu *Compromiso de Cambio* te encuentras con respecto a la última reunión?

4. ¿Has mentido a alguien esta semana, directa o indirectamente?

5. ¿Qué has hecho esta semana para mejorar la relación con tu esposa u otras relaciones significativas?

PILAR DOS
LECCIÓN DOS

SECRETO
PÁG / 77 DEL LIBRO DE TRABAJO

- ☐ Pilar Dos: video de la Lección Dos
- ☐ Tarea para el Libro de trabajo
- ☐ *Lecturas de* Deseo Ser Puro
- ☐ Compromiso de cambio
- ☐ Devocional
- ☐ Escala FASTER
- ☐ Comprobación grupal

+ **Lee el capítulo 5 de Deseo Ser Puro. ¿Cuáles fueron tus observaciones?**

COMPROMISO DE CAMBIO

1 ¿Qué área necesitas cambiar o a qué reto te enfrentas la próxima semana?

2 ¿Qué coste emocional tendrá el cambio? ¿A qué miedo tendrás que enfrentarte?

3 ¿Qué te costará si no cambias?

4 ¿Cuál es tu plan para mantener tu restauración con respecto a estos cambios?

5 ¿Ante quién tendrás que rendir cuentas cuando asumas este compromiso?

6 ¿Cuáles son los detalles de este compromiso? ¿Qué información compartirás con tu equipo de rendición de cuentas cuando te comuniques con ellos esta semana?

DEVOCIONAL

El Señor aborrece las balanzas adulteradas,

    pero aprueba las pesas exactas.

² Con el orgullo viene la deshonra;

    con la humildad, la sabiduría.

³ A los justos los guía su integridad;

    a los infieles los destruye su perversidad.

⁴ En el día de la ira de nada sirve ser rico,

    pero la justicia libra de la muerte.

⁵ La justicia endereza el camino de los íntegros,

    pero la maldad hace caer a los malvados.

⁶ La justicia de los íntegros los libra,

    pero la codicia atrapa a los traidores.

⁷ Muere el malvado y con él, su esperanza;

    muere también su ilusión de poder.

⁸ El justo se salva de la calamidad,

    pero la desgracia le sobreviene al malvado

PROVERBIOS 11:1-8

 Lee Proverbios 11.

EJERCICIO SWORD

S Escritura - ¿Qué versículo o grupo de versículos te llamó la atención en la lectura de Proverbios? Escríbelo a continuación.

W Esperar - Dedica unos momentos a esperar en el Espíritu Santo. Deja a un lado los pensamientos y preocupaciones del día. Medita en la Escritura. Lee los versículos anteriores en voz alta, lenta y atentamente. Después, haz una pausa para asimilarlo. Deja que el Espíritu Santo te hable.

O Observar - ¿Qué has notado en los versículos anteriores? ¿Te ha dicho algo el Espíritu Santo? Escribe tu observación a continuación..

R Pedir - Pídele a Dios que te muestre dónde y cómo la Escritura y la observación se aplican a tu vida. Escribe la aplicación abajo.

D Dedicar – Al mirar cómo la Escritura se aplica a ti, ¿qué es una cosa que necesitas cambiar? Recuerda que no se trata necesariamente de algo que debas hacer (o dejar de hacer). Tal vez el cambio esté en la forma en que te ves a ti mismo o a los demás.

ESCALA FASTER

Adaptado con permiso de El Proceso *Génesis por* Michael Dye.

- Marca con un círculo los comportamientos con los que te identificas en cada sección.
- Identifica el comportamiento más poderoso de cada sección y escríbelo junto junto al epígrafe correspondiente.
- Responde a las tres preguntas siguientes:
    1. ¿Cómo me afecta? ¿Cómo me siento en ese momento?
    2. ¿Cómo afecta a las personas importantes de mi vida?
    3. ¿Por qué lo hago? ¿Cuál es el beneficio para mí?

Restauración _____

(Aceptar la vida en los términos de Dios, con confianza, gracia, misericordia, vulnerabilidad y gratitud) No tener secretos actuales; trabajar para resolver los problemas; identificar los miedos y los sentimientos; mantener los compromisos con las reuniones, la oración, la familia, la iglesia, las personas, los objetivos y uno mismo; ser abierto y honesto, hacer contacto visual; aumentar las relaciones con Dios y con los demás; la verdadera responsabilidad.

1. _____
2. _____
3. _____

Olvidar prioridades _____

(Empiezas a creer en las circunstancias actuales y te alejas de la confianza en Dios. Negación; huida; un cambio en lo que es importante; cómo gastas tu tiempo, energía y pensamientos) Secretos; menos tiempo/energía para Dios, reuniones, iglesia; evitar a las personas de apoyo y responsabilidad; conversaciones superficiales; sarcasmo; aislamiento; cambios en las metas; obsesión por las relaciones; romper promesas y compromisos; descuidar a la familia; preocupación por las cosas materiales, TV, computadoras, entretenimiento; procrastinación; mentir; exceso de confianza; aburrimiento; esconder dinero; manejo de la imagen; buscar controlar las situaciones y a otras personas.

1. _____
2. _____
3. _____

Pilar Dos Lección Dos | 51

Ansiedad

(Un creciente ruido de fondo de miedo indefinido; obtener energía de las emociones.) Preocuparse, usar palabras soeces, ser temeroso; ser resentido; reproducir viejos pensamientos negativos; perfeccionismo; juzgar los motivos de los demás; hacer metas y listas que no puedes completar; leer la mente; fantasía, rescate codependiente; problemas de sueño, problemas de concentración, búsqueda/creación de drama; chismes; uso de medicamentos sin receta para el dolor, el sueño o el control del peso; coqueteo.

1. _____
2. _____
3. _____

Aceleración

(Intentar superar la ansiedad, que suele ser el primer signo de depresión). Súper ocupado y siempre con prisa (encontrando buenas razones para justificar el trabajo); adicto al trabajo; no puedes relajarte; evitas bajar el ritmo; te sientes impulsado; no puedes apagar los pensamientos; te salta las comidas; te das atracones (normalmente por la noche); gastas en exceso; no puedes identificar tus propios sentimientos/necesidades; pensamientos negativos repetitivos; irritable; cambios de humor drásticos; demasiada cafeína; exceso de ejercicio; nerviosismo; dificultad para estar solo y/o con la gente; dificultad para escuchar a los demás; poner excusas por tener que "hacerlo todo"

1. _____
2. _____
3. _____

Enojarse

(Subida de adrenalina por la ira y la agresividad.) Procrastinación que causa crisis en el dinero, el trabajo y las relaciones; aumento del sarcasmo; pensamiento en blanco y negro (todo o nada); sentirte solo; nadie entiende; reaccionar de forma exagerada, rabia en la carretera; resentimientos constantes; alejar a los demás; aumento del aislamiento; culpar; discutir; pensamiento irracional; no aceptar las críticas; estar a la defensiva; que la gente te evite; necesitar tener la razón; problemas digestivos; dolores de cabeza; pensamientos obsesivos (atascados); no poder perdonar; sentirte superior; utilizar la intimidación.

1. _____
2. _____
3. _____

Agotamiento _____

(Pérdida de energía física y emocional; salida del subidón de adrenalina y aparición de la depresión). Depresión; pánico; confusión; desesperanza; dormir demasiado o muy poco; no poder hacer frente a la situación; estar abrumado; llorar "sin razón"; no poder pensar; olvido; pesimismo; impotencia; cansancio; entumecimiento; querer huir; antojos constantes de antiguos comportamientos de afrontamiento; pensar en consumir sexo, drogas o alcohol; buscar a las antiguas personas y lugares insanos; aislarse mucho; que la gente se enfade contigo; maltratarte a ti mismo; pensamientos suicidas; llorar espontáneamente; no tener objetivos; modo de supervivencia; no devolver las llamadas telefónicas; faltar al trabajo; irritabilidad; no tener apetito.

1. _____
2. _____
3. _____

Recaída _____

–(Volver al lugar al que juraste no volver a ir. Enfrentándote a la vida en tus términos. Sentándote en el asiento del conductor en lugar de Dios) Rendirte y ceder; estar fuera de control; perderte en tu adicción; mentirte a ti mismo y a los demás; sentir que no puedes arreglártelas sin tus conductas de afrontamiento, al menos por ahora. El resultado es el refuerzo de la vergüenza, la culpa y la condena; y los sentimientos de abandono y de estar solo.

1. _____
2. _____
3. _____

COMPROBACIÓN GRUPAL

COMPLETAR 24 HORAS ANTES DEL GRUPO

1 ¿Cuál es el nivel más bajo que has alcanzado *en la escala* FASTER esta semana?

2 ¿Cuál era el *Doble Desafío* al que te enfrentabas?

3 ¿En qué punto de tu *Compromiso de Cambio* te encuentras con respecto a la última reunión?

4 ¿Has mentido a alguien esta semana, directa o indirectamente?

5 ¿Qué has hecho esta semana para mejorar la relación con tu esposa u otras relaciones significativas?

PILAR DOS
LECCIÓN TRES

AISLAMIENTO
PÁG / 81 DEL LIBRO DE TRABAJO

☐ Pilar Dos: video de la Lección Tres

☐ Tarea para el Libro de trabajo

☐ *Lecturas de* Deseo Ser Puro

☐ Compromiso de cambio

☐ Devocional

☐ Escala FASTER

☐ Comprobación grupal

+ Lee el capítulo 6 de Deseo Ser Puro. ¿Cuáles fueron tus observaciones?

COMPROMISO DE CAMBIO

1 ¿Qué área necesitas cambiar o a qué reto te enfrentas la próxima semana?

2 ¿Qué coste emocional tendrá el cambio? ¿A qué miedo tendrás que enfrentarte?

3 ¿Qué te costará si no cambias?

4 ¿Cuál es tu plan para mantener tu restauración con respecto a estos cambios?

5 ¿Ante quién tendrás que rendir cuentas cuando asumas este compromiso?

6 ¿Cuáles son los detalles de este compromiso? ¿Qué información compartirás con tu equipo de rendición de cuentas cuando te comuniques con ellos esta semana?

DEVOCIONAL

⁹ Perezoso, ¿cuánto tiempo más seguirás acostado?

¿Cuándo despertarás de tu sueño?

¹⁰ Un corto sueño, una breve siesta,

un pequeño descanso, cruzado de brazos...

¹¹ ¡y te asaltará la pobreza como un bandido,

y la escasez como un hombre armado!

¹² El perverso y el malvado,

el vagabundo de boca corrupta,

¹³ hace guiños con los ojos

y señas con los pies y con los dedos.

¹⁴ Él trama el mal en su corazón

y siempre anda provocando pleitos.

¹⁵ Por eso le sobrevendrá la ruina;

¡de repente será destruido y no podrá evitarlo!

PROVERBIOS 6:9-15

 Lee Proverbios 6.

EJERCICIO SWORD

 S **Escritura** - ¿Qué versículo o grupo de versículos te llamó la atención en la lectura de Proverbios? Escríbelo a continuación.

 **W** **Esp**erar - Dedica unos momentos a esperar en el Espíritu Santo. Deja a un lado los pensamientos y preocupaciones del día. Medita en la Escritura. Lee los versículos anteriores en voz alta, lenta y atentamente. Después, haz una pausa para asimilarlo. Deja que el Espíritu Santo te hable.

 O **Observ**ar - ¿Qué has notado en los versículos anteriores? ¿Te ha dicho algo el Espíritu Santo? Escribe tu observación a continuación..

 R **Ped**ir - Pídele a Dios que te muestre dónde y cómo la Escritura y la observación se aplican a tu vida. Escribe la aplicación abajo.

 **D** **Dedicar – Al mir**ar cómo la Escritura se aplica a ti, ¿qué es una cosa que necesitas cambiar? Recuerda que no se trata necesariamente de algo que debas hacer (o dejar de hacer). Tal vez el cambio esté en la forma en que te ves a ti mismo o a los demás.

ESCALA FASTER

Adaptado con permiso de El Proceso *Génesis por* Michael Dye.

- Marca con un círculo los comportamientos con los que te identificas en cada sección.
- Identifica el comportamiento más poderoso de cada sección y escríbelo junto junto al epígrafe correspondiente.
- Responde a las tres preguntas siguientes:
  1. ¿Cómo me afecta? ¿Cómo me siento en ese momento?
  2. ¿Cómo afecta a las personas importantes de mi vida?
  3. ¿Por qué lo hago? ¿Cuál es el beneficio para mí?

Restauración _____

(Aceptar la vida en los términos de Dios, con confianza, gracia, misericordia, vulnerabilidad y gratitud) No tener secretos actuales; trabajar para resolver los problemas; identificar los miedos y los sentimientos; mantener los compromisos con las reuniones, la oración, la familia, la iglesia, las personas, los objetivos y uno mismo; ser abierto y honesto, hacer contacto visual; aumentar las relaciones con Dios y con los demás; la verdadera responsabilidad.

1. _____
2. _____
3. _____

Olvidar prioridades _____

(Empiezas a creer en las circunstancias actuales y te alejas de la confianza en Dios. Negación; huida; un cambio en lo que es importante; cómo gastas tu tiempo, energía y pensamientos) Secretos; menos tiempo/energía para Dios, reuniones, iglesia; evitar a las personas de apoyo y responsabilidad; conversaciones superficiales; sarcasmo; aislamiento; cambios en las metas; obsesión por las relaciones; romper promesas y compromisos; descuidar a la familia; preocupación por las cosas materiales, TV, computadoras, entretenimiento; procrastinación; mentir; exceso de confianza; aburrimiento; esconder dinero; manejo de la imagen; buscar controlar las situaciones y a otras personas.

1. _____
2. _____
3. _____

Pilar Dos | Lección Tres | 59

Ansiedad

(Un creciente ruido de fondo de miedo indefinido; obtener energía de las emociones.) Preocuparse, usar palabras soeces, ser temeroso; ser resentido; reproducir viejos pensamientos negativos; perfeccionismo; juzgar los motivos de los demás; hacer metas y listas que no puedes completar; leer la mente; fantasía, rescate codependiente; problemas de sueño, problemas de concentración, búsqueda/creación de drama; chismes; uso de medicamentos sin receta para el dolor, el sueño o el control del peso; coqueteo.

1. _____
2. _____
3. _____

Aceleración

(Intentar superar la ansiedad, que suele ser el primer signo de depresión). Súper ocupado y siempre con prisa (encontrando buenas razones para justificar el trabajo); adicto al trabajo; no puedes relajarte; evitas bajar el ritmo; te sientes impulsado; no puedes apagar los pensamientos; te salta las comidas; te das atracones (normalmente por la noche); gastas en exceso; no puedes identificar tus propios sentimientos/necesidades; pensamientos negativos repetitivos; irritable; cambios de humor drásticos; demasiada cafeína; exceso de ejercicio; nerviosismo; dificultad para estar solo y/o con la gente; dificultad para escuchar a los demás; poner excusas por tener que "hacerlo todo"

1. _____
2. _____
3. _____

Enojarse

(Subida de adrenalina por la ira y la agresividad.) Procrastinación que causa crisis en el dinero, el trabajo y las relaciones; aumento del sarcasmo; pensamiento en blanco y negro (todo o nada); sentirte solo; nadie entiende; reaccionar de forma exagerada, rabia en la carretera; resentimientos constantes; alejar a los demás; aumento del aislamiento; culpar; discutir; pensamiento irracional; no aceptar las críticas; estar a la defensiva; que la gente te evite; necesitar tener la razón; problemas digestivos; dolores de cabeza; pensamientos obsesivos (atascados); no poder perdonar; sentirte superior; utilizar la intimidación.

1. _____
2. _____
3. _____

Agotamiento

(Pérdida de energía física y emocional; salida del subidón de adrenalina y aparición de la depresión). Depresión; pánico; confusión; desesperanza; dormir demasiado o muy poco; no poder hacer frente a la situación; estar abrumado; llorar "sin razón"; no poder pensar; olvido; pesimismo; impotencia; cansancio; entumecimiento; querer huir; antojos constantes de antiguos comportamientos de afrontamiento; pensar en consumir sexo, drogas o alcohol; buscar a las antiguas personas y lugares insanos; aislarse mucho; que la gente se enfade contigo; maltratarte a ti mismo; pensamientos suicidas; llorar espontáneamente; no tener objetivos; modo de supervivencia; no devolver las llamadas telefónicas; faltar al trabajo; irritabilidad; no tener apetito.

1. _____
2. _____
3. _____

Recaída

–(Volver al lugar al que juraste no volver a ir. Enfrentándote a la vida en tus términos. Sentándote en el asiento del conductor en lugar de Dios) Rendirte y ceder; estar fuera de control; perderte en tu adicción; mentirte a ti mismo y a los demás; sentir que no puedes arreglártelas sin tus conductas de afrontamiento, al menos por ahora. El resultado es el refuerzo de la vergüenza, la culpa y la condena; y los sentimientos de abandono y de estar solo.

1. _____
2. _____
3. _____

COMPROBACIÓN GRUPAL

COMPLETAR 24 HORAS ANTES DEL GRUPO

1 ¿Cuál es el nivel más bajo que has alcanzado *en la escala* FASTER esta semana?

2 ¿Cuál era el *Doble Desafío* al que te enfrentabas?

3 ¿En qué punto de tu *Compromiso de Cambio* te encuentras con respecto a la última reunión?

4 ¿Has mentido a alguien esta semana, directa o indirectamente?

5 ¿Qué has hecho esta semana para mejorar la relación con tu esposa u otras relaciones significativas?

PILAR DOS
LECCIÓN CUATRO

VERGÜENZA

PÁG / 87 DEL LIBRO DE TRABAJO

☐ Pilar Dos: video de la Lección Cuatro

☐ Tarea para el Libro de trabajo

☐ Compromiso de cambio

☐ Devocional

☐ Escala FASTER

☐ Comprobación grupal

COMPROMISO DE CAMBIO

1 ¿Qué área necesitas cambiar o a qué reto te enfrentas la próxima semana?

2 ¿Qué coste emocional tendrá el cambio? ¿A qué miedo tendrás que enfrentarte?

3 ¿Qué te costará si no cambias?

4 ¿Cuál es tu plan para mantener tu restauración con respecto a estos cambios?

5 ¿Ante quién tendrás que rendir cuentas cuando asumas este compromiso?

6 ¿Cuáles son los detalles de este compromiso? ¿Qué información compartirás con tu equipo de rendición de cuentas cuando te comuniques con ellos esta semana?

DEVOCIONAL

No te jactes del día de mañana,

porque no sabes lo que el día traerá.

² No te jactes de ti mismo;

que sean otros los que te alaben.

³ Pesada es la piedra y pesada es la arena,

pero más pesada aún es la ira del necio.

⁴ Cruel es la furia y arrolladora la ira,

pero ¿quién puede enfrentarse a los celos?

⁵ Más vale ser reprendido con franqueza

que ser amado en secreto.

⁶ Más confiable es el amigo que hiere

que los abundantes besos del enemigo.

⁷ Al que no tiene hambre, hasta la miel lo empalaga;

al hambriento, hasta lo amargo le es dulce.

⁸ Como ave que se aleja del nido

es el hombre que se aleja del hogar.

PROVERBIOS 27:1-8

 Lee Proverbios 27.

EJERCICIO SWORD

S **Escritura** - ¿Qué versículo o grupo de versículos te llamó la atención en la lectura de Proverbios? Escríbelo a continuación.

W **Esperar** - Dedica unos momentos a esperar en el Espíritu Santo. Deja a un lado los pensamientos y preocupaciones del día. Medita en la Escritura. Lee los versículos anteriores en voz alta, lenta y atentamente. Después, haz una pausa para asimilarlo. Deja que el Espíritu Santo te hable.

O **Observar** - ¿Qué has notado en los versículos anteriores? ¿Te ha dicho algo el Espíritu Santo? Escribe tu observación a continuación..

R **Pedir** - Pídele a Dios que te muestre dónde y cómo la Escritura y la observación se aplican a tu vida. Escribe la aplicación abajo.

D **Dedicar** – Al mirar cómo la Escritura se aplica a ti, ¿qué es una cosa que necesitas cambiar? Recuerda que no se trata necesariamente de algo que debas hacer (o dejar de hacer). Tal vez el cambio esté en la forma en que te ves a ti mismo o a los demás.

ESCALA FASTER

Adaptado con permiso de El Proceso *Génesis por* Michael Dye.

- Marca con un círculo los comportamientos con los que te identificas en cada sección.
- Identifica el comportamiento más poderoso de cada sección y escríbelo junto junto al epígrafe correspondiente.
- Responde a las tres preguntas siguientes:
    1. ¿Cómo me afecta? ¿Cómo me siento en ese momento?
    2. ¿Cómo afecta a las personas importantes de mi vida?
    3. ¿Por qué lo hago? ¿Cuál es el beneficio para mí?

Restauración _____

(Aceptar la vida en los términos de Dios, con confianza, gracia, misericordia, vulnerabilidad y gratitud) No tener secretos actuales; trabajar para resolver los problemas; identificar los miedos y los sentimientos; mantener los compromisos con las reuniones, la oración, la familia, la iglesia, las personas, los objetivos y uno mismo; ser abierto y honesto, hacer contacto visual; aumentar las relaciones con Dios y con los demás; la verdadera responsabilidad.

1. _____
2. _____
3. _____

Olvidar prioridades _____

(Empiezas a creer en las circunstancias actuales y te alejas de la confianza en Dios. Negación; huida; un cambio en lo que es importante; cómo gastas tu tiempo, energía y pensamientos) Secretos; menos tiempo/energía para Dios, reuniones, iglesia; evitar a las personas de apoyo y responsabilidad; conversaciones superficiales; sarcasmo; aislamiento; cambios en las metas; obsesión por las relaciones; romper promesas y compromisos; descuidar a la familia; preocupación por las cosas materiales, TV, computadoras, entretenimiento; procrastinación; mentir; exceso de confianza; aburrimiento; esconder dinero; manejo de la imagen; buscar controlar las situaciones y a otras personas.

1. _____
2. _____
3. _____

Ansiedad

(Un creciente ruido de fondo de miedo indefinido; obtener energía de las emociones.) Preocuparse, usar palabras soeces, ser temeroso; ser resentido; reproducir viejos pensamientos negativos; perfeccionismo; juzgar los motivos de los demás; hacer metas y listas que no puedes completar; leer la mente; fantasía, rescate codependiente; problemas de sueño, problemas de concentración, búsqueda/creación de drama; chismes; uso de medicamentos sin receta para el dolor, el sueño o el control del peso; coqueteo.

1. _____
2. _____
3. _____

Aceleración

(Intentar superar la ansiedad, que suele ser el primer signo de depresión). Súper ocupado y siempre con prisa (encontrando buenas razones para justificar el trabajo); adicto al trabajo; no puedes relajarte; evitas bajar el ritmo; te sientes impulsado; no puedes apagar los pensamientos; te salta las comidas; te das atracones (normalmente por la noche); gastas en exceso; no puedes identificar tus propios sentimientos/necesidades; pensamientos negativos repetitivos; irritable; cambios de humor drásticos; demasiada cafeína; exceso de ejercicio; nerviosismo; dificultad para estar solo y/o con la gente; dificultad para escuchar a los demás; poner excusas por tener que "hacerlo todo"

1. _____
2. _____
3. _____

Enojarse

(Subida de adrenalina por la ira y la agresividad.) Procrastinación que causa crisis en el dinero, el trabajo y las relaciones; aumento del sarcasmo; pensamiento en blanco y negro (todo o nada); sentirte solo; nadie entiende; reaccionar de forma exagerada, rabia en la carretera; resentimientos constantes; alejar a los demás; aumento del aislamiento; culpar; discutir; pensamiento irracional; no aceptar las críticas; estar a la defensiva; que la gente te evite; necesitar tener la razón; problemas digestivos; dolores de cabeza; pensamientos obsesivos (atascados); no poder perdonar; sentirte superior; utilizar la intimidación.

1. _____
2. _____
3. _____

Agotamiento _____

(Pérdida de energía física y emocional; salida del subidón de adrenalina y aparición de la depresión). Depresión; pánico; confusión; desesperanza; dormir demasiado o muy poco; no poder hacer frente a la situación; estar abrumado; llorar "sin razón"; no poder pensar; olvido; pesimismo; impotencia; cansancio; entumecimiento; querer huir; antojos constantes de antiguos comportamientos de afrontamiento; pensar en consumir sexo, drogas o alcohol; buscar a las antiguas personas y lugares insanos; aislarse mucho; que la gente se enfade contigo; maltratarte a ti mismo; pensamientos suicidas; llorar espontáneamente; no tener objetivos; modo de supervivencia; no devolver las llamadas telefónicas; faltar al trabajo; irritabilidad; no tener apetito.

1. _____
2. _____
3. _____

Recaída _____

–*(Volver al lugar al que juraste no volver a ir. Enfrentándote a la vida en tus términos. Sentándote en el asiento del conductor en lugar de Dios)* Rendirte y ceder; estar fuera de control; perderte en tu adicción; mentirte a ti mismo y a los demás; sentir que no puedes arreglártelas sin tus conductas de afrontamiento, al menos por ahora. El resultado es el refuerzo de la vergüenza, la culpa y la condena; y los sentimientos de abandono y de estar solo.

1. _____
2. _____
3. _____

COMPROBACIÓN GRUPAL

COMPLETAR 24 HORAS ANTES DEL GRUPO

1 ¿Cuál es el nivel más bajo que has alcanzado *en la escala* FASTER esta semana?

2 ¿Cuál era el *Doble Desafío* al que te enfrentabas?

3 ¿En qué punto de tu *Compromiso de Cambio* te encuentras con respecto a la última reunión?

4 ¿Has mentido a alguien esta semana, directa o indirectamente?

5 ¿Qué has hecho esta semana para mejorar la relación con tu esposa u otras relaciones significativas?

PILAR DOS
LECCIÓN CINCO

GUERRA
PÁG / 95 DEL LIBRO DE TRABAJO

- ☐ Pilar Dos: video de la Lección Cinco
- ☐ Tarea para el Libro de trabajo
- ☐ *Lecturas de* Deseo Ser Puro
- ☐ Compromiso de cambio
- ☐ Devocional
- ☐ Escala FASTER
- ☐ Comprobación grupal

+ Lee el capítulo 7 de Deseo Ser Puro. ¿Cuáles fueron tus observaciones?

COMPROMISO DE CAMBIO

1 ¿Qué área necesitas cambiar o a qué reto te enfrentas la próxima semana?

2 ¿Qué coste emocional tendrá el cambio? ¿A qué miedo tendrás que enfrentarte?

3 ¿Qué te costará si no cambias?

4 ¿Cuál es tu plan para mantener tu restauración con respecto a estos cambios?

5 ¿Ante quién tendrás que rendir cuentas cuando asumas este compromiso?

6 ¿Cuáles son los detalles de este compromiso? ¿Qué información compartirás con tu equipo de rendición de cuentas cuando te comuniques con ellos esta semana?

DEVOCIONAL

El malvado huye aunque nadie lo persiga;

pero el justo vive confiado como un león.

² Cuando hay rebelión en el país,

los gobernantes se multiplican;

cuando el gobernante es entendido y sensato,

se mantiene el orden.

³ El pobre que oprime a los pobres

es como violenta lluvia que arrasa la cosecha.

⁴ Los que abandonan la ley alaban a los malvados;

los que la obedecen luchan contra ellos.

⁵ Los malvados nada entienden de la justicia;

los que buscan al Señor lo entienden todo.

⁶ Más vale ser pobre, pero íntegro

que rico y perverso.

⁷ El hijo entendido se sujeta a la ley;

el derrochador deshonra a su padre.

⁸ El que amasa riquezas mediante intereses y usura,

las acumula para el que se compadece de los pobres.

PROVERBIOS 28:1-8

  Lee Proverbios 28.

EJERCICIO SWORD

S Escritura - ¿Qué versículo o grupo de versículos te llamó la atención en la lectura de Proverbios? Escríbelo a continuación.

W Esperar - Dedica unos momentos a esperar en el Espíritu Santo. Deja a un lado los pensamientos y preocupaciones del día. Medita en la Escritura. Lee los versículos anteriores en voz alta, lenta y atentamente. Después, haz una pausa para asimilarlo. Deja que el Espíritu Santo te hable.

O Observar - ¿Qué has notado en los versículos anteriores? ¿Te ha dicho algo el Espíritu Santo? Escribe tu observación a continuación..

R Pedir - Pídele a Dios que te muestre dónde y cómo la Escritura y la observación se aplican a tu vida. Escribe la aplicación abajo.

D Dedicar – Al mirar cómo la Escritura se aplica a ti, ¿qué es una cosa que necesitas cambiar? Recuerda que no se trata necesariamente de algo que debas hacer (o dejar de hacer). Tal vez el cambio esté en la forma en que te ves a ti mismo o a los demás.

ESCALA FASTER

Adaptado con permiso de El Proceso *Génesis* por Michael Dye.

> + Marca con un círculo los comportamientos con los que te identificas en cada sección.
> + Identifica el comportamiento más poderoso de cada sección y escríbelo junto junto al epígrafe correspondiente.
> + Responde a las tres preguntas siguientes:
>   1. ¿Cómo me afecta? ¿Cómo me siento en ese momento?
>   2. ¿Cómo afecta a las personas importantes de mi vida?
>   3. ¿Por qué lo hago? ¿Cuál es el beneficio para mí?

RESTAURACIÓN _____

(Aceptar la vida en los términos de Dios, con confianza, gracia, misericordia, vulnerabilidad y gratitud) No tener secretos actuales; trabajar para resolver los problemas; identificar los miedos y los sentimientos; mantener los compromisos con las reuniones, la oración, la familia, la iglesia, las personas, los objetivos y uno mismo; ser abierto y honesto, hacer contacto visual; aumentar las relaciones con Dios y con los demás; la verdadera responsabilidad.

1. _____
2. _____
3. _____

OLVIDAR PRIORIDADES _____

(Empiezas a creer en las circunstancias actuales y te alejas de la confianza en Dios. Negación; huida; un cambio en lo que es importante; cómo gastas tu tiempo, energía y pensamientos) Secretos; menos tiempo/energía para Dios, reuniones, iglesia; evitar a las personas de apoyo y responsabilidad; conversaciones superficiales; sarcasmo; aislamiento; cambios en las metas; obsesión por las relaciones; romper promesas y compromisos; descuidar a la familia; preocupación por las cosas materiales, TV, computadoras, entretenimiento; procrastinación; mentir; exceso de confianza; aburrimiento; esconder dinero; manejo de la imagen; buscar controlar las situaciones y a otras personas.

1. _____
2. _____
3. _____

Ansiedad

(Un creciente ruido de fondo de miedo indefinido; obtener energía de las emociones.) Preocuparse, usar palabras soeces, ser temeroso; ser resentido; reproducir viejos pensamientos negativos; perfeccionismo; juzgar los motivos de los demás; hacer metas y listas que no puedes completar; leer la mente; fantasía, rescate codependiente; problemas de sueño, problemas de concentración, búsqueda/creación de drama; chismes; uso de medicamentos sin receta para el dolor, el sueño o el control del peso; coqueteo.

1. _____
2. _____
3. _____

Aceleración

(Intentar superar la ansiedad, que suele ser el primer signo de depresión). Súper ocupado y siempre con prisa (encontrando buenas razones para justificar el trabajo); adicto al trabajo; no puedes relajarte; evitas bajar el ritmo; te sientes impulsado; no puedes apagar los pensamientos; te salta las comidas; te das atracones (normalmente por la noche); gastas en exceso; no puedes identificar tus propios sentimientos/necesidades; pensamientos negativos repetitivos; irritable; cambios de humor drásticos; demasiada cafeína; exceso de ejercicio; nerviosismo; dificultad para estar solo y/o con la gente; dificultad para escuchar a los demás; poner excusas por tener que "hacerlo todo"

1. _____
2. _____
3. _____

Enojarse

(Subida de adrenalina por la ira y la agresividad.) Procrastinación que causa crisis en el dinero, el trabajo y las relaciones; aumento del sarcasmo; pensamiento en blanco y negro (todo o nada); sentirte solo; nadie entiende; reaccionar de forma exagerada, rabia en la carretera; resentimientos constantes; alejar a los demás; aumento del aislamiento; culpar; discutir; pensamiento irracional; no aceptar las críticas; estar a la defensiva; que la gente te evite; necesitar tener la razón; problemas digestivos; dolores de cabeza; pensamientos obsesivos (atascados); no poder perdonar; sentirte superior; utilizar la intimidación.

1. _____
2. _____
3. _____

Agotamiento _____

(Pérdida de energía física y emocional; salida del subidón de adrenalina y aparición de la depresión). Depresión; pánico; confusión; desesperanza; dormir demasiado o muy poco; no poder hacer frente a la situación; estar abrumado; llorar "sin razón"; no poder pensar; olvido; pesimismo; impotencia; cansancio; entumecimiento; querer huir; antojos constantes de antiguos comportamientos de afrontamiento; pensar en consumir sexo, drogas o alcohol; buscar a las antiguas personas y lugares insanos; aislarse mucho; que la gente se enfade contigo; maltratarte a ti mismo; pensamientos suicidas; llorar espontáneamente; no tener objetivos; modo de supervivencia; no devolver las llamadas telefónicas; faltar al trabajo; irritabilidad; no tener apetito.

1. _____
2. _____
3. _____

Recaída _____

–*(Volver al lugar al que juraste no volver a ir. Enfrentándote a la vida en tus términos. Sentándote en el asiento del conductor en lugar de Dios)* Rendirte y ceder; estar fuera de control; perderte en tu adicción; mentirte a ti mismo y a los demás; sentir que no puedes arreglártelas sin tus conductas de afrontamiento, al menos por ahora. El resultado es el refuerzo de la vergüenza, la culpa y la condena; y los sentimientos de abandono y de estar solo.

1. _____
2. _____
3. _____

COMPROBACIÓN GRUPAL

COMPLETAR 24 HORAS ANTES DEL GRUPO

1. ¿Cuál es el nivel más bajo que has alcanzado *en la escala* FASTER esta semana?

2. ¿Cuál era el *Doble Desafío* al que te enfrentabas?

3. ¿En qué punto de tu *Compromiso de Cambio* te encuentras con respecto a la última reunión?

4. ¿Has mentido a alguien esta semana, directa o indirectamente?

5. ¿Qué has hecho esta semana para mejorar la relación con tu esposa u otras relaciones significativas?

PILAR TRES
LECCIÓN UNO

APRENDER A AFRONTAR EL DOLOR
PÁG / 104 DEL LIBRO DE TRABAJO

- ☐ Video de introducción al tercer pilar
- ☐ Pilar Tres: video de la Lección Uno
- ☐ Tarea para el Libro de trabajo
- ☐ *Lecturas de* Deseo Ser Puro
- ☐ Compromiso de cambio
- ☐ Devocional
- ☐ Escala FASTER
- ☐ Comprobación grupal

> **+** Lee el capítulo 8 de Deseo Ser Puro. ¿Cuáles fueron tus observaciones?

COMPROMISO DE CAMBIO

1. ¿Qué área necesitas cambiar o a qué reto te enfrentas la próxima semana?

2. ¿Qué coste emocional tendrá el cambio? ¿A qué miedo tendrás que enfrentarte?

3. ¿Qué te costará si no cambias?

4. ¿Cuál es tu plan para mantener tu restauración con respecto a estos cambios?

5. ¿Ante quién tendrás que rendir cuentas cuando asumas este compromiso?

6. ¿Cuáles son los detalles de este compromiso? ¿Qué información compartirás con tu equipo de rendición de cuentas cuando te comuniques con ellos esta semana?

DEVOCIONAL

> *² para adquirir sabiduría y disciplina;*
>
> *para discernir palabras de inteligencia;*
>
> *³ para recibir la corrección que dan la prudencia,*
>
> *la rectitud, la justicia y la equidad;*
>
> *⁴ para infundir prudencia en los inexpertos,*
>
> *conocimiento y discreción en los jóvenes.*
>
> *⁵ Escuche esto el sabio y aumente su saber;*
>
> *reciba dirección el entendido,*
>
> *⁶ para discernir el proverbio y la parábola,*
>
> *los dichos de los sabios y sus enigmas.*
>
> *⁷ El temor del Señor es el principio del conocimiento;*
>
> *los necios desprecian la sabiduría y la disciplina.*
>
> PROVERBIOS 1:2-7

 Lee Proverbios 1.

EJERCICIO SWORD

S **E**scritura - ¿Qué versículo o grupo de versículos te llamó la atención en la lectura de Proverbios? Escríbelo a continuación.

W **Esp**erar - Dedica unos momentos a esperar en el Espíritu Santo. Deja a un lado los pensamientos y preocupaciones del día. Medita en la Escritura. Lee los versículos anteriores en voz alta, lenta y atentamente. Después, haz una pausa para asimilarlo. Deja que el Espíritu Santo te hable.

O **Observ**ar - ¿Qué has notado en los versículos anteriores? ¿Te ha dicho algo el Espíritu Santo? Escribe tu observación a continuación..

R **Pedir** - Pídele a Dios que te muestre dónde y cómo la Escritura y la observación se aplican a tu vida. Escribe la aplicación abajo.

D **Dedicar** – **Al mir**ar cómo la Escritura se aplica a ti, ¿qué es una cosa que necesitas cambiar? Recuerda que no se trata necesariamente de algo que debas hacer (o dejar de hacer). Tal vez el cambio esté en la forma en que te ves a ti mismo o a los demás.

ESCALA FASTER

Adaptado con permiso de El Proceso *Génesis por* Michael Dye.

> + Marca con un círculo los comportamientos con los que te identificas en cada sección.
> + Identifica el comportamiento más poderoso de cada sección y escríbelo junto junto al epígrafe correspondiente.
> + Responde a las tres preguntas siguientes:
>   1. ¿Cómo me afecta? ¿Cómo me siento en ese momento?
>   2. ¿Cómo afecta a las personas importantes de mi vida?
>   3. ¿Por qué lo hago? ¿Cuál es el beneficio para mí?

Restauración _____

(Aceptar la vida en los términos de Dios, con confianza, gracia, misericordia, vulnerabilidad y gratitud) No tener secretos actuales; trabajar para resolver los problemas; identificar los miedos y los sentimientos; mantener los compromisos con las reuniones, la oración, la familia, la iglesia, las personas, los objetivos y uno mismo; ser abierto y honesto, hacer contacto visual; aumentar las relaciones con Dios y con los demás; la verdadera responsabilidad.

1. _____
2. _____
3. _____

Olvidar prioridades _____

(Empiezas a creer en las circunstancias actuales y te alejas de la confianza en Dios. Negación; huida; un cambio en lo que es importante; cómo gastas tu tiempo, energía y pensamientos) Secretos; menos tiempo/energía para Dios, reuniones, iglesia; evitar a las personas de apoyo y responsabilidad; conversaciones superficiales; sarcasmo; aislamiento; cambios en las metas; obsesión por las relaciones; romper promesas y compromisos; descuidar a la familia; preocupación por las cosas materiales, TV, computadoras, entretenimiento; procrastinación; mentir; exceso de confianza; aburrimiento; esconder dinero; manejo de la imagen; buscar controlar las situaciones y a otras personas.

1. _____
2. _____
3. _____

ANSIEDAD

(Un creciente ruido de fondo de miedo indefinido; obtener energía de las emociones.) Preocuparse, usar palabras soeces, ser temeroso; ser resentido; reproducir viejos pensamientos negativos; perfeccionismo; juzgar los motivos de los demás; hacer metas y listas que no puedes completar; leer la mente; fantasía, rescate codependiente; problemas de sueño, problemas de concentración, búsqueda/creación de drama; chismes; uso de medicamentos sin receta para el dolor, el sueño o el control del peso; coqueteo.

1. _____
2. _____
3. _____

ACELERACIÓN

(Intentar superar la ansiedad, que suele ser el primer signo de depresión). Súper ocupado y siempre con prisa (encontrando buenas razones para justificar el trabajo); adicto al trabajo; no puedes relajarte; evitas bajar el ritmo; te sientes impulsado; no puedes apagar los pensamientos; te salta las comidas; te das atracones (normalmente por la noche); gastas en exceso; no puedes identificar tus propios sentimientos/necesidades; pensamientos negativos repetitivos; irritable; cambios de humor drásticos; demasiada cafeína; exceso de ejercicio; nerviosismo; dificultad para estar solo y/o con la gente; dificultad para escuchar a los demás; poner excusas por tener que "hacerlo todo"

1. _____
2. _____
3. _____

ENOJARSE

(Subida de adrenalina por la ira y la agresividad.) Procrastinación que causa crisis en el dinero, el trabajo y las relaciones; aumento del sarcasmo; pensamiento en blanco y negro (todo o nada); sentirte solo; nadie entiende; reaccionar de forma exagerada, rabia en la carretera; resentimientos constantes; alejar a los demás; aumento del aislamiento; culpar; discutir; pensamiento irracional; no aceptar las críticas; estar a la defensiva; que la gente te evite; necesitar tener la razón; problemas digestivos; dolores de cabeza; pensamientos obsesivos (atascados); no poder perdonar; sentirte superior; utilizar la intimidación.

1. _____
   _____
2. _____
   _____
3. _____
   _____

AGOTAMIENTO _____

(Pérdida de energía física y emocional; salida del subidón de adrenalina y aparición de la depresión). Depresión; pánico; confusión; desesperanza; dormir demasiado o muy poco; no poder hacer frente a la situación; estar abrumado; llorar "sin razón"; no poder pensar; olvido; pesimismo; impotencia; cansancio; entumecimiento; querer huir; antojos constantes de antiguos comportamientos de afrontamiento; pensar en consumir sexo, drogas o alcohol; buscar a las antiguas personas y lugares insanos; aislarse mucho; que la gente se enfade contigo; maltratarte a ti mismo; pensamientos suicidas; llorar espontáneamente; no tener objetivos; modo de supervivencia; no devolver las llamadas telefónicas; faltar al trabajo; irritabilidad; no tener apetito.

1. _____
   _____
2. _____
   _____
3. _____
   _____

RECAÍDA _____

–(Volver al lugar al que juraste no volver a ir. Enfrentándote a la vida en tus términos. Sentándote en el asiento del conductor en lugar de Dios) Rendirte y ceder; estar fuera de control; perderte en tu adicción; mentirte a ti mismo y a los demás; sentir que no puedes arreglártelas sin tus conductas de afrontamiento, al menos por ahora. El resultado es el refuerzo de la vergüenza, la culpa y la condena; y los sentimientos de abandono y de estar solo.

1. _____
   _____
2. _____
   _____
3. _____
   _____

COMPROBACIÓN GRUPAL

COMPLETAR 24 HORAS ANTES DEL GRUPO

1 ¿Cuál es el nivel más bajo que has alcanzado *en la escala* FASTER esta semana?

2 ¿Cuál era el *Doble Desafío* al que te enfrentabas?

3 ¿En qué punto de tu *Compromiso de Cambio* te encuentras con respecto a la última reunión?

4 ¿Has mentido a alguien esta semana, directa o indirectamente?

5 ¿Qué has hecho esta semana para mejorar la relación con tu esposa u otras relaciones significativas?

PILAR TRES
LECCIÓN DOS

SER TU VERDADERO YO
PÁG / 113 DEL LIBRO DE TRABAJO

- ☐ Pilar Tres: video de la Lección Dos
- ☐ Tarea para el Libro de trabajo
- ☐ Compromiso de cambio
- ☐ Devocional
- ☐ Escala FASTER
- ☐ Comprobación grupal

COMPROMISO DE CAMBIO

1 ¿Qué área necesitas cambiar o a qué reto te enfrentas la próxima semana?

2 ¿Qué coste emocional tendrá el cambio? ¿A qué miedo tendrás que enfrentarte?

3 ¿Qué te costará si no cambias?

4 ¿Cuál es tu plan para mantener tu restauración con respecto a estos cambios?

5 ¿Ante quién tendrás que rendir cuentas cuando asumas este compromiso?

6 ¿Cuáles son los detalles de este compromiso? ¿Qué información compartirás con tu equipo de rendición de cuentas cuando te comuniques con ellos esta semana?

DEVOCIONAL

> *²¹ Nuestros caminos están a la vista del Señor;
> él examina todas nuestras sendas.
> ²² Al malvado lo atrapan sus malas obras;
> las cuerdas de su pecado lo aprisionan.
> ²³ Morirá por su falta de corrección;
> perecerá por su gran insensatez.*
>
> PROVERBIOS 5:21-23

 Lee Proverbios 5.

EJERCICIO SWORD

S Escritura - ¿Qué versículo o grupo de versículos te llamó la atención en la lectura de Proverbios? Escríbelo a continuación.

W Esperar - Dedica unos momentos a esperar en el Espíritu Santo. Deja a un lado los pensamientos y preocupaciones del día. Medita en la Escritura. Lee los versículos anteriores en voz alta, lenta y atentamente. Después, haz una pausa para asimilarlo. Deja que el Espíritu Santo te hable.

O Observar - ¿Qué has notado en los versículos anteriores? ¿Te ha dicho algo el Espíritu Santo? Escribe tu observación a continuación..

R Pedir - Pídele a Dios que te muestre dónde y cómo la Escritura y la observación se aplican a tu vida. Escribe la aplicación abajo.

D Dedicar – Al mirar cómo la Escritura se aplica a ti, ¿qué es una cosa que necesitas cambiar? Recuerda que no se trata necesariamente de algo que debas hacer (o dejar de hacer). Tal vez el cambio esté en la forma en que te ves a ti mismo o a los demás.

ESCALA FASTER

Adaptado con permiso de El *Proceso Génesis por* Michael Dye.

- + Marca con un círculo los comportamientos con los que te identificas en cada sección.
- + Identifica el comportamiento más poderoso de cada sección y escríbelo junto junto al epígrafe correspondiente.
- + Responde a las tres preguntas siguientes:
  1. ¿Cómo me afecta? ¿Cómo me siento en ese momento?
  2. ¿Cómo afecta a las personas importantes de mi vida?
  3. ¿Por qué lo hago? ¿Cuál es el beneficio para mí?

RESTAURACIÓN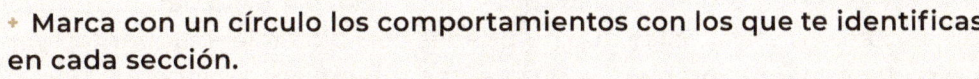

(Aceptar la vida en los términos de Dios, con confianza, gracia, misericordia, vulnerabilidad y gratitud) No tener secretos actuales; trabajar para resolver los problemas; identificar los miedos y los sentimientos; mantener los compromisos con las reuniones, la oración, la familia, la iglesia, las personas, los objetivos y uno mismo; ser abierto y honesto, hacer contacto visual; aumentar las relaciones con Dios y con los demás; la verdadera responsabilidad.

1. _____
2. _____
3. _____

OLVIDAR PRIORIDADES

(Empiezas a creer en las circunstancias actuales y te alejas de la confianza en Dios. Negación; huida; un cambio en lo que es importante; cómo gastas tu tiempo, energía y pensamientos) Secretos; menos tiempo/energía para Dios, reuniones, iglesia; evitar a las personas de apoyo y responsabilidad; conversaciones superficiales; sarcasmo; aislamiento; cambios en las metas; obsesión por las relaciones; romper promesas y compromisos; descuidar a la familia; preocupación por las cosas materiales, TV, computadoras, entretenimiento; procrastinación; mentir; exceso de confianza; aburrimiento; esconder dinero; manejo de la imagen; buscar controlar las situaciones y a otras personas.

1. _____
2. _____
3. _____

Ansiedad

(Un creciente ruido de fondo de miedo indefinido; obtener energía de las emociones.) Preocuparse, usar palabras soeces, ser temeroso; ser resentido; reproducir viejos pensamientos negativos; perfeccionismo; juzgar los motivos de los demás; hacer metas y listas que no puedes completar; leer la mente; fantasía, rescate codependiente; problemas de sueño, problemas de concentración, búsqueda/creación de drama; chismes; uso de medicamentos sin receta para el dolor, el sueño o el control del peso; coqueteo.

1. _____
2. _____
3. _____

Aceleración

(Intentar superar la ansiedad, que suele ser el primer signo de depresión). Súper ocupado y siempre con prisa (encontrando buenas razones para justificar el trabajo); adicto al trabajo; no puedes relajarte; evitas bajar el ritmo; te sientes impulsado; no puedes apagar los pensamientos; te saltas las comidas; te das atracones (normalmente por la noche); gastas en exceso; no puedes identificar tus propios sentimientos/necesidades; pensamientos negativos repetitivos; irritable; cambios de humor drásticos; demasiada cafeína; exceso de ejercicio; nerviosismo; dificultad para estar solo y/o con la gente; dificultad para escuchar a los demás; poner excusas por tener que "hacerlo todo"

1. _____
2. _____
3. _____

Enojarse

(Subida de adrenalina por la ira y la agresividad.) Procrastinación que causa crisis en el dinero, el trabajo y las relaciones; aumento del sarcasmo; pensamiento en blanco y negro (todo o nada); sentirte solo; nadie entiende; reaccionar de forma exagerada, rabia en la carretera; resentimientos constantes; alejar a los demás; aumento del aislamiento; culpar; discutir; pensamiento irracional; no aceptar las críticas; estar a la defensiva; que la gente te evite; necesitar tener la razón; problemas digestivos; dolores de cabeza; pensamientos obsesivos (atascados); no poder perdonar; sentirte superior; utilizar la intimidación.

1. _____
2. _____
3. _____

Agotamiento _____

(Pérdida de energía física y emocional; salida del subidón de adrenalina y aparición de la depresión). Depresión; pánico; confusión; desesperanza; dormir demasiado o muy poco; no poder hacer frente a la situación; estar abrumado; llorar "sin razón"; no poder pensar; olvido; pesimismo; impotencia; cansancio; entumecimiento; querer huir; antojos constantes de antiguos comportamientos de afrontamiento; pensar en consumir sexo, drogas o alcohol; buscar a las antiguas personas y lugares insanos; aislarse mucho; que la gente se enfade contigo; maltratarte a ti mismo; pensamientos suicidas; llorar espontáneamente; no tener objetivos; modo de supervivencia; no devolver las llamadas telefónicas; faltar al trabajo; irritabilidad; no tener apetito.

1. _____
2. _____
3. _____

Recaída _____

–(Volver al lugar al que juraste no volver a ir. Enfrentándote a la vida en tus términos. Sentándote en el asiento del conductor en lugar de Dios) Rendirte y ceder; estar fuera de control; perderte en tu adicción; mentirte a ti mismo y a los demás; sentir que no puedes arreglártelas sin tus conductas de afrontamiento, al menos por ahora. El resultado es el refuerzo de la vergüenza, la culpa y la condena; y los sentimientos de abandono y de estar solo.

1. _____
2. _____
3. _____

COMPROBACIÓN GRUPAL

COMPLETAR 24 HORAS ANTES DEL GRUPO

1. ¿Cuál es el nivel más bajo que has alcanzado *en la escala* FASTER esta semana?

2. ¿Cuál era el *Doble Desafío* al que te enfrentabas?

3. ¿En qué punto de tu *Compromiso de Cambio* te encuentras con respecto a la última reunión?

4. ¿Has mentido a alguien esta semana, directa o indirectamente?

5. ¿Qué has hecho esta semana para mejorar la relación con tu esposa u otras relaciones significativas?

PILAR TRES
LECCIÓN TRES

AMOR, ACEPTACIÓN Y PERDÓN

PÁG / 120 DEL LIBRO DE TRABAJO

- ☐ Pilar Tres: video de la Lección Tres
- ☐ Tarea para el Libro de trabajo
- ☐ Compromiso de cambio
- ☐ Devocional
- ☐ Escala FASTER
- ☐ Comprobación grupal

COMPROMISO DE CAMBIO

1 ¿Qué área necesitas cambiar o a qué reto te enfrentas la próxima semana?

2 ¿Qué coste emocional tendrá el cambio? ¿A qué miedo tendrás que enfrentarte?

3 ¿Qué te costará si no cambias?

4 ¿Cuál es tu plan para mantener tu restauración con respecto a estos cambios?

5 ¿Ante quién tendrás que rendir cuentas cuando asumas este compromiso?

6 ¿Cuáles son los detalles de este compromiso? ¿Qué información compartirás con tu equipo de rendición de cuentas cuando te comuniques con ellos esta semana?

DEVOCIONAL

> ¹⁶ Más vale tener poco, con temor del Señor,
>   que muchas riquezas con grandes angustias.
> ¹⁷ Más vale comer verduras sazonadas con amor
>   que toro engordado con odio.
> ¹⁸ El que es iracundo provoca contiendas;
>   el que es paciente las apacigua.
> ¹⁹ El camino del perezoso está plagado de espinas,
>   pero la senda del justo es como una calzada.
> ²⁰ El hijo sabio alegra a su padre;
>   el hijo necio menosprecia a su madre.
> ²¹ Al necio le divierte su falta de juicio;
>   el entendido endereza sus propios pasos.
> ²² Cuando falta el consejo, fracasan los planes;
>   cuando abunda el consejo, prosperan.
> ²³ Es muy grato dar la respuesta adecuada
>   y, cuando es oportuna, aún es más grato
>
> PROVERBIOS 15:16-23

 Lee Proverbios 15.

EJERCICIO SWORD

S **Escritura** - ¿Qué versículo o grupo de versículos te llamó la atención en la lectura de Proverbios? Escríbelo a continuación.

W **Esp**erar - Dedica unos momentos a esperar en el Espíritu Santo. Deja a un lado los pensamientos y preocupaciones del día. Medita en la Escritura. Lee los versículos anteriores en voz alta, lenta y atentamente. Después, haz una pausa para asimilarlo. Deja que el Espíritu Santo te hable.

O **Observ**ar - ¿Qué has notado en los versículos anteriores? ¿Te ha dicho algo el Espíritu Santo? Escribe tu observación a continuación..

R **Pedir** - Pídele a Dios que te muestre dónde y cómo la Escritura y la observación se aplican a tu vida. Escribe la aplicación abajo.

D **Dedicar** – **Al mir**ar cómo la Escritura se aplica a ti, ¿qué es una cosa que necesitas cambiar? Recuerda que no se trata necesariamente de algo que debas hacer (o dejar de hacer). Tal vez el cambio esté en la forma en que te ves a ti mismo o a los demás.

ESCALA FASTER

Adaptado con permiso de El *Proceso Génesis por* Michael Dye.

- Marca con un círculo los comportamientos con los que te identificas en cada sección.
- Identifica el comportamiento más poderoso de cada sección y escríbelo junto junto al epígrafe correspondiente.
- Responde a las tres preguntas siguientes:
  1. ¿Cómo me afecta? ¿Cómo me siento en ese momento?
  2. ¿Cómo afecta a las personas importantes de mi vida?
  3. ¿Por qué lo hago? ¿Cuál es el beneficio para mí?

Restauración _____

(Aceptar la vida en los términos de Dios, con confianza, gracia, misericordia, vulnerabilidad y gratitud) No tener secretos actuales; trabajar para resolver los problemas; identificar los miedos y los sentimientos; mantener los compromisos con las reuniones, la oración, la familia, la iglesia, las personas, los objetivos y uno mismo; ser abierto y honesto, hacer contacto visual; aumentar las relaciones con Dios y con los demás; la verdadera responsabilidad.

1. _____
2. _____
3. _____

Olvidar prioridades _____

(Empiezas a creer en las circunstancias actuales y te alejas de la confianza en Dios. Negación; huida; un cambio en lo que es importante; cómo gastas tu tiempo, energía y pensamientos) Secretos; menos tiempo/energía para Dios, reuniones, iglesia; evitar a las personas de apoyo y responsabilidad; conversaciones superficiales; sarcasmo; aislamiento; cambios en las metas; obsesión por las relaciones; romper promesas y compromisos; descuidar a la familia; preocupación por las cosas materiales, TV, computadoras, entretenimiento; procrastinación; mentir; exceso de confianza; aburrimiento; esconder dinero; manejo de la imagen; buscar controlar las situaciones y a otras personas.

1. _____
2. _____
3. _____

Ansiedad

(Un creciente ruido de fondo de miedo indefinido; obtener energía de las emociones.) Preocuparse, usar palabras soeces, ser temeroso; ser resentido; reproducir viejos pensamientos negativos; perfeccionismo; juzgar los motivos de los demás; hacer metas y listas que no puedes completar; leer la mente; fantasía, rescate codependiente; problemas de sueño, problemas de concentración, búsqueda/creación de drama; chismes; uso de medicamentos sin receta para el dolor, el sueño o el control del peso; coqueteo.

1. _____
2. _____
3. _____

Aceleración

(Intentar superar la ansiedad, que suele ser el primer signo de depresión). Súper ocupado y siempre con prisa (encontrando buenas razones para justificar el trabajo); adicto al trabajo; no puedes relajarte; evitas bajar el ritmo; te sientes impulsado; no puedes apagar los pensamientos; te salta las comidas; te das atracones (normalmente por la noche); gastas en exceso; no puedes identificar tus propios sentimientos/necesidades; pensamientos negativos repetitivos; irritable; cambios de humor drásticos; demasiada cafeína; exceso de ejercicio; nerviosismo; dificultad para estar solo y/o con la gente; dificultad para escuchar a los demás; poner excusas por tener que "hacerlo todo"

1. _____
2. _____
3. _____

Enojarse

(Subida de adrenalina por la ira y la agresividad.) Procrastinación que causa crisis en el dinero, el trabajo y las relaciones; aumento del sarcasmo; pensamiento en blanco y negro (todo o nada); sentirte solo; nadie entiende; reaccionar de forma exagerada, rabia en la carretera; resentimientos constantes; alejar a los demás; aumento del aislamiento; culpar; discutir; pensamiento irracional; no aceptar las críticas; estar a la defensiva; que la gente te evite; necesitar tener la razón; problemas digestivos; dolores de cabeza; pensamientos obsesivos (atascados); no poder perdonar; sentirte superior; utilizar la intimidación.

1. _____
2. _____
3. _____

AGOTAMIENTO

(Pérdida de energía física y emocional; salida del subidón de adrenalina y aparición de la depresión). Depresión; pánico; confusión; desesperanza; dormir demasiado o muy poco; no poder hacer frente a la situación; estar abrumado; llorar "sin razón"; no poder pensar; olvido; pesimismo; impotencia; cansancio; entumecimiento; querer huir; antojos constantes de antiguos comportamientos de afrontamiento; pensar en consumir sexo, drogas o alcohol; buscar a las antiguas personas y lugares insanos; aislarse mucho; que la gente se enfade contigo; maltratarte a ti mismo; pensamientos suicidas; llorar espontáneamente; no tener objetivos; modo de supervivencia; no devolver las llamadas telefónicas; faltar al trabajo; irritabilidad; no tener apetito.

1. _____
2. _____
3. _____

RECAÍDA

–(Volver al lugar al que juraste no volver a ir. Enfrentándote a la vida en tus términos. Sentándote en el asiento del conductor en lugar de Dios) Rendirte y ceder; estar fuera de control; perderte en tu adicción; mentirte a ti mismo y a los demás; sentir que no puedes arreglártelas sin tus conductas de afrontamiento, al menos por ahora. El resultado es el refuerzo de la vergüenza, la culpa y la condena; y los sentimientos de abandono y de estar solo.

1. _____
2. _____
3. _____

COMPROBACIÓN GRUPAL

COMPLETAR 24 HORAS ANTES DEL GRUPO

1 ¿Cuál es el nivel más bajo que has alcanzado *en la escala* FASTER esta semana?

2 ¿Cuál era el *Doble Desafío* al que te enfrentabas?

3 ¿En qué punto de tu *Compromiso de Cambio* te encuentras con respecto a la última reunión?

4 ¿Has mentido a alguien esta semana, directa o indirectamente?

5 ¿Qué has hecho esta semana para mejorar la relación con tu esposa u otras relaciones significativas?

PILAR TRES
LECCIÓN CUATRO

AUTOCUIDADO

PÁG / 127 DEL LIBRO DE TRABAJO

- ☐ Pilar Tres: video de la Lección Cuatro
- ☐ Tarea para el Libro de trabajo
- ☐ *Lecturas* de Deseo Ser Puro
- ☐ Compromiso de cambio
- ☐ Devocional
- ☐ Escala FASTER
- ☐ Comprobación grupal

+ Lee el capítulo 9 de Deseo Ser Puro. ¿Cuáles fueron tus observaciones?

COMPROMISO DE CAMBIO

1 ¿Qué área necesitas cambiar o a qué reto te enfrentas la próxima semana?

2 ¿Qué coste emocional tendrá el cambio? ¿A qué miedo tendrás que enfrentarte?

3 ¿Qué te costará si no cambias?

4 ¿Cuál es tu plan para mantener tu restauración con respecto a estos cambios?

5 ¿Ante quién tendrás que rendir cuentas cuando asumas este compromiso?

6 ¿Cuáles son los detalles de este compromiso? ¿Qué información compartirás con tu equipo de rendición de cuentas cuando te comuniques con ellos esta semana?

DEVOCIONAL

¹³ Quien se burla de la instrucción tendrá su merecido;
quien respeta el mandamiento tendrá su recompensa.
¹⁴ La enseñanza de los sabios es fuente de vida
y libera de los lazos de la muerte.
¹⁵ El buen juicio redunda en aprecio,
pero el camino del infiel lo lleva a su destrucción.[a]
¹⁶ El prudente actúa con cordura,
pero el necio se jacta de su necedad.
¹⁷ El mensajero malvado se mete en problemas;
el enviado confiable trae sanidad.
¹⁸ El que desprecia la disciplina sufre pobreza y deshonra;
el que atiende la corrección recibe grandes honores.
¹⁹ El deseo cumplido endulza el alma,
pero el necio detesta alejarse del mal.
²⁰ El que con sabios anda, sabio se vuelve;
el que con necios se junta, saldrá mal parado.

PROVERBIOS 13:13-20

 Lee Proverbios 13.

EJERCICIO SWORD

S **E**scritura - ¿Qué versículo o grupo de versículos te llamó la atención en la lectura de Proverbios? Escríbelo a continuación.

W **Esp**erar - Dedica unos momentos a esperar en el Espíritu Santo. Deja a un lado los pensamientos y preocupaciones del día. Medita en la Escritura. Lee los versículos anteriores en voz alta, lenta y atentamente. Después, haz una pausa para asimilarlo. Deja que el Espíritu Santo te hable.

O **Observ**ar - ¿Qué has notado en los versículos anteriores? ¿Te ha dicho algo el Espíritu Santo? Escribe tu observación a continuación..

R **Pedir** - Pídele a Dios que te muestre dónde y cómo la Escritura y la observación se aplican a tu vida. Escribe la aplicación abajo.

D **Dedicar** – Al **mir**ar cómo la Escritura se aplica a ti, ¿qué es una cosa que necesitas cambiar? Recuerda que no se trata necesariamente de algo que debas hacer (o dejar de hacer). Tal vez el cambio esté en la forma en que te ves a ti mismo o a los demás.

ESCALA FASTER

Adaptado con permiso de El Proceso *Génesis* por Michael Dye.

- Marca con un círculo los comportamientos con los que te identificas en cada sección.
- Identifica el comportamiento más poderoso de cada sección y escríbelo junto junto al epígrafe correspondiente.
- Responde a las tres preguntas siguientes:
  1. ¿Cómo me afecta? ¿Cómo me siento en ese momento?
  2. ¿Cómo afecta a las personas importantes de mi vida?
  3. ¿Por qué lo hago? ¿Cuál es el beneficio para mí?

RESTAURACIÓN _____

(Aceptar la vida en los términos de Dios, con confianza, gracia, misericordia, vulnerabilidad y gratitud) No tener secretos actuales; trabajar para resolver los problemas; identificar los miedos y los sentimientos; mantener los compromisos con las reuniones, la oración, la familia, la iglesia, las personas, los objetivos y uno mismo; ser abierto y honesto, hacer contacto visual; aumentar las relaciones con Dios y con los demás; la verdadera responsabilidad.

1. _____
2. _____
3. _____

OLVIDAR PRIORIDADES _____

(Empiezas a creer en las circunstancias actuales y te alejas de la confianza en Dios. Negación; huida; un cambio en lo que es importante; cómo gastas tu tiempo, energía y pensamientos) Secretos; menos tiempo/energía para Dios, reuniones, iglesia; evitar a las personas de apoyo y responsabilidad; conversaciones superficiales; sarcasmo; aislamiento; cambios en las metas; obsesión por las relaciones; romper promesas y compromisos; descuidar a la familia; preocupación por las cosas materiales, TV, computadoras, entretenimiento; procrastinación; mentir; exceso de confianza; aburrimiento; esconder dinero; manejo de la imagen; buscar controlar las situaciones y a otras personas.

1. _____
2. _____
3. _____

Pilar Tres Lección Cuatro | 107

ANSIEDAD

(Un creciente ruido de fondo de miedo indefinido; obtener energía de las emociones.) Preocuparse, usar palabras soeces, ser temeroso; ser resentido; reproducir viejos pensamientos negativos; perfeccionismo; juzgar los motivos de los demás; hacer metas y listas que no puedes completar; leer la mente; fantasía, rescate codependiente; problemas de sueño, problemas de concentración, búsqueda/creación de drama; chismes; uso de medicamentos sin receta para el dolor, el sueño o el control del peso; coqueteo.

1. _____
2. _____
3. _____

ACELERACIÓN

(Intentar superar la ansiedad, que suele ser el primer signo de depresión). Súper ocupado y siempre con prisa (encontrando buenas razones para justificar el trabajo); adicto al trabajo; no puedes relajarte; evitas bajar el ritmo; te sientes impulsado; no puedes apagar los pensamientos; te salta las comidas; te das atracones (normalmente por la noche); gastas en exceso; no puedes identificar tus propios sentimientos/necesidades; pensamientos negativos repetitivos; irritable; cambios de humor drásticos; demasiada cafeína; exceso de ejercicio; nerviosismo; dificultad para estar solo y/o con la gente; dificultad para escuchar a los demás; poner excusas por tener que "hacerlo todo"

1. _____
2. _____
3. _____

ENOJARSE

(Subida de adrenalina por la ira y la agresividad.) Procrastinación que causa crisis en el dinero, el trabajo y las relaciones; aumento del sarcasmo; pensamiento en blanco y negro (todo o nada); sentirte solo; nadie entiende; reaccionar de forma exagerada, rabia en la carretera; resentimientos constantes; alejar a los demás; aumento del aislamiento; culpar; discutir; pensamiento irracional; no aceptar las críticas; estar a la defensiva; que la gente te evite; necesitar tener la razón; problemas digestivos; dolores de cabeza; pensamientos obsesivos (atascados); no poder perdonar; sentirte superior; utilizar la intimidación.

1. _____
2. _____
3. _____

Agotamiento _____

(Pérdida de energía física y emocional; salida del subidón de adrenalina y aparición de la depresión). Depresión; pánico; confusión; desesperanza; dormir demasiado o muy poco; no poder hacer frente a la situación; estar abrumado; llorar "sin razón"; no poder pensar; olvido; pesimismo; impotencia; cansancio; entumecimiento; querer huir; antojos constantes de antiguos comportamientos de afrontamiento; pensar en consumir sexo, drogas o alcohol; buscar a las antiguas personas y lugares insanos; aislarse mucho; que la gente se enfade contigo; maltratarte a ti mismo; pensamientos suicidas; llorar espontáneamente; no tener objetivos; modo de supervivencia; no devolver las llamadas telefónicas; faltar al trabajo; irritabilidad; no tener apetito.

1. _____
2. _____
3. _____

Recaída _____

–(Volver al lugar al que juraste no volver a ir. Enfrentándote a la vida en tus términos. Sentándote en el asiento del conductor en lugar de Dios) Rendirte y ceder; estar fuera de control; perderte en tu adicción; mentirte a ti mismo y a los demás; sentir que no puedes arreglártelas sin tus conductas de afrontamiento, al menos por ahora. El resultado es el refuerzo de la vergüenza, la culpa y la condena; y los sentimientos de abandono y de estar solo.

1. _____
2. _____
3. _____

COMPROBACIÓN GRUPAL

COMPLETAR 24 HORAS ANTES DEL GRUPO

1. ¿Cuál es el nivel más bajo que has alcanzado *en la escala* FASTER esta semana?

2. ¿Cuál era el *Doble Desafío* al que te enfrentabas?

3. ¿En qué punto de tu *Compromiso de Cambio* te encuentras con respecto a la última reunión?

4. ¿Has mentido a alguien esta semana, directa o indirectamente?

5. ¿Qué has hecho esta semana para mejorar la relación con tu esposa u otras relaciones significativas?

PILAR CUATRO
LECCIÓN UNO

NECESITAS UN PLAN DE CONTROL DE DAÑOS

PÁG / 136 DEL LIBRO DE TRABAJO

- ☐ Video de introducción al Pilar Cuatro
- ☐ Pilar Cuatro: video de la Lección Uno
- ☐ Tarea para el Libro de trabajo
- ☐ *Lecturas de* Deseo Ser Puro
- ☐ Compromiso de cambio
- ☐ Devocional
- ☐ Escala FASTER
- ☐ Comprobación grupal

+ Lee el capítulo 10 de Deseo Ser Puro. ¿Cuáles fueron tus observaciones?

COMPROMISO DE CAMBIO

1 ¿Qué área necesitas cambiar o a qué reto te enfrentas la próxima semana?

2 ¿Qué coste emocional tendrá el cambio? ¿A qué miedo tendrás que enfrentarte?

3 ¿Qué te costará si no cambias?

4 ¿Cuál es tu plan para mantener tu restauración con respecto a estos cambios?

5 ¿Ante quién tendrás que rendir cuentas cuando asumas este compromiso?

6 ¿Cuáles son los detalles de este compromiso? ¿Qué información compartirás con tu equipo de rendición de cuentas cuando te comuniques con ellos esta semana?

DEVOCIONAL

² Todos los caminos del ser humano son limpios a sus ojos,

pero las intenciones las juzga el Señor.

³ Pon en manos del Señor todas tus obras

y tus proyectos se cumplirán.

⁴ Toda obra del Señor tiene un propósito;

¡hasta el malvado fue hecho para el día del desastre!

⁵ El Señor aborrece a los arrogantes.

Una cosa es segura: no quedarán impunes.

⁶ Con amor y verdad se perdona el pecado

y con respeto al Señor se evita el mal.

⁷ Cuando el Señor aprueba la conducta de un hombre,

hasta con sus enemigos lo reconcilia.

⁸ Más vale tener poco con justicia

que ganar mucho con injusticia.

⁹ El corazón del hombre traza su rumbo,

pero sus pasos los dirige el Señor.

PROVERBIOS 16:2-9

 Lee Proverbios 16.

EJERCICIO SWORD

S **Escritura** - ¿Qué versículo o grupo de versículos te llamó la atención en la lectura de Proverbios? Escríbelo a continuación.

W **Esperar** - Dedica unos momentos a esperar en el Espíritu Santo. Deja a un lado los pensamientos y preocupaciones del día. Medita en la Escritura. Lee los versículos anteriores en voz alta, lenta y atentamente. Después, haz una pausa para asimilarlo. Deja que el Espíritu Santo te hable.

O **Observar** - ¿Qué has notado en los versículos anteriores? ¿Te ha dicho algo el Espíritu Santo? Escribe tu observación a continuación..

R **Pedir** - Pídele a Dios que te muestre dónde y cómo la Escritura y la observación se aplican a tu vida. Escribe la aplicación abajo.

D **Dedicar** – Al mirar cómo la Escritura se aplica a ti, ¿qué es una cosa que necesitas cambiar? Recuerda que no se trata necesariamente de algo que debas hacer (o dejar de hacer). Tal vez el cambio esté en la forma en que te ves a ti mismo o a los demás.

ESCALA FASTER

Adaptado con permiso de El *Proceso Génesis por* Michael Dye.

- Marca con un círculo los comportamientos con los que te identificas en cada sección.
- Identifica el comportamiento más poderoso de cada sección y escríbelo junto junto al epígrafe correspondiente.
- Responde a las tres preguntas siguientes:
  1. ¿Cómo me afecta? ¿Cómo me siento en ese momento?
  2. ¿Cómo afecta a las personas importantes de mi vida?
  3. ¿Por qué lo hago? ¿Cuál es el beneficio para mí?

RESTAURACIÓN _____

(Aceptar la vida en los términos de Dios, con confianza, gracia, misericordia, vulnerabilidad y gratitud) No tener secretos actuales; trabajar para resolver los problemas; identificar los miedos y los sentimientos; mantener los compromisos con las reuniones, la oración, la familia, la iglesia, las personas, los objetivos y uno mismo; ser abierto y honesto, hacer contacto visual; aumentar las relaciones con Dios y con los demás; la verdadera responsabilidad.

1. _____
2. _____
3. _____

OLVIDAR PRIORIDADES _____

(Empiezas a creer en las circunstancias actuales y te alejas de la confianza en Dios. Negación; huida; un cambio en lo que es importante; cómo gastas tu tiempo, energía y pensamientos) Secretos; menos tiempo/energía para Dios, reuniones, iglesia; evitar a las personas de apoyo y responsabilidad; conversaciones superficiales; sarcasmo; aislamiento; cambios en las metas; obsesión por las relaciones; romper promesas y compromisos; descuidar a la familia; preocupación por las cosas materiales, TV, computadoras, entretenimiento; procrastinación; mentir; exceso de confianza; aburrimiento; esconder dinero; manejo de la imagen; buscar controlar las situaciones y a otras personas.

1. _____
2. _____
3. _____

ANSIEDAD

(Un creciente ruido de fondo de miedo indefinido; obtener energía de las emociones.) Preocuparse, usar palabras soeces, ser temeroso; ser resentido; reproducir viejos pensamientos negativos; perfeccionismo; juzgar los motivos de los demás; hacer metas y listas que no puedes completar; leer la mente; fantasía, rescate codependiente; problemas de sueño, problemas de concentración, búsqueda/creación de drama; chismes; uso de medicamentos sin receta para el dolor, el sueño o el control del peso; coqueteo.

1. _____
2. _____
3. _____

ACELERACIÓN

(Intentar superar la ansiedad, que suele ser el primer signo de depresión). Súper ocupado y siempre con prisa (encontrando buenas razones para justificar el trabajo); adicto al trabajo; no puedes relajarte; evitas bajar el ritmo; te sientes impulsado; no puedes apagar los pensamientos; te salta las comidas; te das atracones (normalmente por la noche); gastas en exceso; no puedes identificar tus propios sentimientos/necesidades; pensamientos negativos repetitivos; irritable; cambios de humor drásticos; demasiada cafeína; exceso de ejercicio; nerviosismo; dificultad para estar solo y/o con la gente; dificultad para escuchar a los demás; poner excusas por tener que "hacerlo todo"

1. _____
2. _____
3. _____

ENOJARSE

(Subida de adrenalina por la ira y la agresividad.) Procrastinación que causa crisis en el dinero, el trabajo y las relaciones; aumento del sarcasmo; pensamiento en blanco y negro (todo o nada); sentirte solo; nadie entiende; reaccionar de forma exagerada, rabia en la carretera; resentimientos constantes; alejar a los demás; aumento del aislamiento; culpar; discutir; pensamiento irracional; no aceptar las críticas; estar a la defensiva; que la gente te evite; necesitar tener la razón; problemas digestivos; dolores de cabeza; pensamientos obsesivos (atascados); no poder perdonar; sentirte superior; utilizar la intimidación.

1. _____
2. _____
3. _____

AGOTAMIENTO _____

(Pérdida de energía física y emocional; salida del subidón de adrenalina y aparición de la depresión). Depresión; pánico; confusión; desesperanza; dormir demasiado o muy poco; no poder hacer frente a la situación; estar abrumado; llorar "sin razón"; no poder pensar; olvido; pesimismo; impotencia; cansancio; entumecimiento; querer huir; antojos constantes de antiguos comportamientos de afrontamiento; pensar en consumir sexo, drogas o alcohol; buscar a las antiguas personas y lugares insanos; aislarse mucho; que la gente se enfade contigo; maltratarte a ti mismo; pensamientos suicidas; llorar espontáneamente; no tener objetivos; modo de supervivencia; no devolver las llamadas telefónicas; faltar al trabajo; irritabilidad; no tener apetito.

1. _____
2. _____
3. _____

RECAÍDA _____

–*(Volver al lugar al que juraste no volver a ir. Enfrentándote a la vida en tus términos. Sentándote en el asiento del conductor en lugar de Dios)* Rendirte y ceder; estar fuera de control; perderte en tu adicción; mentirte a ti mismo y a los demás; sentir que no puedes arreglártelas sin tus conductas de afrontamiento, al menos por ahora. El resultado es el refuerzo de la vergüenza, la culpa y la condena; y los sentimientos de abandono y de estar solo.

1. _____
2. _____
3. _____

COMPROBACIÓN GRUPAL

COMPLETAR 24 HORAS ANTES DEL GRUPO

1 ¿Cuál es el nivel más bajo que has alcanzado *en la escala* FASTER esta semana?

2 ¿Cuál era el *Doble Desafío* al que te enfrentabas?

3 ¿En qué punto de tu *Compromiso de Cambio* te encuentras con respecto a la última reunión?

4 ¿Has mentido a alguien esta semana, directa o indirectamente?

5 ¿Qué has hecho esta semana para mejorar la relación con tu esposa u otras relaciones significativas?

PILAR CUATRO
LECCIÓN DOS

LA MATRIZ DE LA ADICCIÓN
PÁG / 142 DEL LIBRO DE TRABAJO

- ☐ Pilar Cuatro: video de la Lección Dos
- ☐ Tarea para el Libro de trabajo
- ☐ Compromiso de cambio
- ☐ Devocional
- ☐ Escala FASTER
- ☐ Comprobación grupal

COMPROMISO DE CAMBIO

1 ¿Qué área necesitas cambiar o a qué reto te enfrentas la próxima semana?

2 ¿Qué coste emocional tendrá el cambio? ¿A qué miedo tendrás que enfrentarte?

3 ¿Qué te costará si no cambias?

4 ¿Cuál es tu plan para mantener tu restauración con respecto a estos cambios?

5 ¿Ante quién tendrás que rendir cuentas cuando asumas este compromiso?

6 ¿Cuáles son los detalles de este compromiso? ¿Qué información compartirás con tu equipo de rendición de cuentas cuando te comuniques con ellos esta semana?

DEVOCIONAL

El egoísta busca su propio bien;

   contra todo sano juicio inicia un pleito.

² Al necio no le complace la inteligencia;

   tan solo hace alarde de su propia opinión.

³ Con la maldad viene el desprecio

   y con la vergüenza llega la deshonra.

⁴ Las palabras del hombre son aguas profundas,

   arroyo de aguas vivas, fuente de sabiduría.

⁵ No está bien favorecer al malvado

   y dejar de lado los derechos del justo.

⁶ Los labios del necio son causa de contienda;

   su boca incita a la riña.

⁷ La boca del necio es su perdición;

   sus labios son para él una trampa mortal.

⁸ Los chismes son deliciosos manjares;

   penetran hasta lo más íntimo del ser.

PROVERBIOS 18:1-8

  Lee Proverbios 18.

EJERCICIO SWORD

S Escritura - ¿Qué versículo o grupo de versículos te llamó la atención en la lectura de Proverbios? Escríbelo a continuación.

W Esperar - Dedica unos momentos a esperar en el Espíritu Santo. Deja a un lado los pensamientos y preocupaciones del día. Medita en la Escritura. Lee los versículos anteriores en voz alta, lenta y atentamente. Después, haz una pausa para asimilarlo. Deja que el Espíritu Santo te hable.

O Observar - ¿Qué has notado en los versículos anteriores? ¿Te ha dicho algo el Espíritu Santo? Escribe tu observación a continuación..

R Pedir - Pídele a Dios que te muestre dónde y cómo la Escritura y la observación se aplican a tu vida. Escribe la aplicación abajo.

D Dedicar – Al mirar cómo la Escritura se aplica a ti, ¿qué es una cosa que necesitas cambiar? Recuerda que no se trata necesariamente de algo que debas hacer (o dejar de hacer). Tal vez el cambio esté en la forma en que te ves a ti mismo o a los demás.

ESCALA FASTER

Adaptado con permiso de El Proceso *Génesis* por Michael Dye.

- **Marca con un círculo los comportamientos con los que te identificas en cada sección.**
- **Identifica el comportamiento más poderoso de cada sección y escríbelo junto junto al epígrafe correspondiente.**
- **Responde a las tres preguntas siguientes:**
  1. ¿Cómo me afecta? ¿Cómo me siento en ese momento?
  2. ¿Cómo afecta a las personas importantes de mi vida?
  3. ¿Por qué lo hago? ¿Cuál es el beneficio para mí?

Restauración _____

(Aceptar la vida en los términos de Dios, con confianza, gracia, misericordia, vulnerabilidad y gratitud) No tener secretos actuales; trabajar para resolver los problemas; identificar los miedos y los sentimientos; mantener los compromisos con las reuniones, la oración, la familia, la iglesia, las personas, los objetivos y uno mismo; ser abierto y honesto, hacer contacto visual; aumentar las relaciones con Dios y con los demás; la verdadera responsabilidad.

1. _____
2. _____
3. _____

Olvidar prioridades _____

(Empiezas a creer en las circunstancias actuales y te alejas de la confianza en Dios. Negación; huida; un cambio en lo que es importante; cómo gastas tu tiempo, energía y pensamientos) Secretos; menos tiempo/energía para Dios, reuniones, iglesia; evitar a las personas de apoyo y responsabilidad; conversaciones superficiales; sarcasmo; aislamiento; cambios en las metas; obsesión por las relaciones; romper promesas y compromisos; descuidar a la familia; preocupación por las cosas materiales, TV, computadoras, entretenimiento; procrastinación; mentir; exceso de confianza; aburrimiento; esconder dinero; manejo de la imagen; buscar controlar las situaciones y a otras personas.

1. _____
2. _____
3. _____

ANSIEDAD

(Un creciente ruido de fondo de miedo indefinido; obtener energía de las emociones.) Preocuparse, usar palabras soeces, ser temeroso; ser resentido; reproducir viejos pensamientos negativos; perfeccionismo; juzgar los motivos de los demás; hacer metas y listas que no puedes completar; leer la mente; fantasía, rescate codependiente; problemas de sueño, problemas de concentración, búsqueda/creación de drama; chismes; uso de medicamentos sin receta para el dolor, el sueño o el control del peso; coqueteo.

1. _____
2. _____
3. _____

ACELERACIÓN

(Intentar superar la ansiedad, que suele ser el primer signo de depresión). Súper ocupado y siempre con prisa (encontrando buenas razones para justificar el trabajo); adicto al trabajo; no puedes relajarte; evitas bajar el ritmo; te sientes impulsado; no puedes apagar los pensamientos; te salta las comidas; te das atracones (normalmente por la noche); gastas en exceso; no puedes identificar tus propios sentimientos/necesidades; pensamientos negativos repetitivos; irritable; cambios de humor drásticos; demasiada cafeína; exceso de ejercicio; nerviosismo; dificultad para estar solo y/o con la gente; dificultad para escuchar a los demás; poner excusas por tener que "hacerlo todo"

1. _____
2. _____
3. _____

ENOJARSE

(Subida de adrenalina por la ira y la agresividad.) Procrastinación que causa crisis en el dinero, el trabajo y las relaciones; aumento del sarcasmo; pensamiento en blanco y negro (todo o nada); sentirte solo; nadie entiende; reaccionar de forma exagerada, rabia en la carretera; resentimientos constantes; alejar a los demás; aumento del aislamiento; culpar; discutir; pensamiento irracional; no aceptar las críticas; estar a la defensiva; que la gente te evite; necesitar tener la razón; problemas digestivos; dolores de cabeza; pensamientos obsesivos (atascados); no poder perdonar; sentirte superior; utilizar la intimidación.

1. _____
2. _____
3. _____

AGOTAMIENTO _____

(Pérdida de energía física y emocional; salida del subidón de adrenalina y aparición de la depresión). Depresión; pánico; confusión; desesperanza; dormir demasiado o muy poco; no poder hacer frente a la situación; estar abrumado; llorar "sin razón"; no poder pensar; olvido; pesimismo; impotencia; cansancio; entumecimiento; querer huir; antojos constantes de antiguos comportamientos de afrontamiento; pensar en consumir sexo, drogas o alcohol; buscar a las antiguas personas y lugares insanos; aislarse mucho; que la gente se enfade contigo; maltratarte a ti mismo; pensamientos suicidas; llorar espontáneamente; no tener objetivos; modo de supervivencia; no devolver las llamadas telefónicas; faltar al trabajo; irritabilidad; no tener apetito.

1. _____
2. _____
3. _____

RECAÍDA _____

–(Volver al lugar al que juraste no volver a ir. Enfrentándote a la vida en tus términos. Sentándote en el asiento del conductor en lugar de Dios) Rendirte y ceder; estar fuera de control; perderte en tu adicción; mentirte a ti mismo y a los demás; sentir que no puedes arreglártelas sin tus conductas de afrontamiento, al menos por ahora. El resultado es el refuerzo de la vergüenza, la culpa y la condena; y los sentimientos de abandono y de estar solo.

1. _____
2. _____
3. _____

COMPROBACIÓN GRUPAL

COMPLETAR 24 HORAS ANTES DEL GRUPO

1 ¿Cuál es el nivel más bajo que has alcanzado *en la escala* FASTER esta semana?

2 ¿Cuál era el *Doble Desafío* al que te enfrentabas?

3 ¿En qué punto de tu *Compromiso de Cambio* te encuentras con respecto a la última reunión?

4 ¿Has mentido a alguien esta semana, directa o indirectamente?

5 ¿Qué has hecho esta semana para mejorar la relación con tu esposa u otras relaciones significativas?

PILAR CUATRO
LECCIÓN TRES

LA HISTORIA DE TU DOLOR
PÁG / 149 DEL LIBRO DE TRABAJO

- ☐ Pilar Cuatro: video de la Lección Tres
- ☐ Tarea para el Libro de trabajo
- ☐ Compromiso de cambio
- ☐ Devocional
- ☐ Escala FASTER
- ☐ Comprobación grupal

COMPROMISO DE CAMBIO

1 ¿Qué área necesitas cambiar o a qué reto te enfrentas la próxima semana?

2 ¿Qué coste emocional tendrá el cambio? ¿A qué miedo tendrás que enfrentarte?

3 ¿Qué te costará si no cambias?

4 ¿Cuál es tu plan para mantener tu restauración con respecto a estos cambios?

5 ¿Ante quién tendrás que rendir cuentas cuando asumas este compromiso?

6 ¿Cuáles son los detalles de este compromiso? ¿Qué información compartirás con tu equipo de rendición de cuentas cuando te comuniques con ellos esta semana?

DEVOCIONAL

¹⁶ El que cumple el mandamiento cumple consigo mismo;

el que descuida su conducta morirá.

¹⁷ Servir al pobre es hacerle un préstamo al Señor;

Dios pagará esas buenas acciones.

¹⁸ Corrige a tu hijo mientras aún hay esperanza;

no te hagas cómplice de su muerte.

¹⁹ El iracundo tendrá que afrontar el castigo;

el que intente disuadirlo aumentará su enojo.

²⁰ Escucha el consejo, acepta la corrección

y llegarás a ser sabio.

²¹ Muchos son los planes en el corazón de las personas,

pero al final prevalecen los designios del Señor.

²² De la humanidad se espera amor fiel;

más vale ser pobre que mentiroso.

²³ El temor del Señor conduce a la vida;

da un sueño tranquilo y evita los problemas.

PROVERBIOS 19:16-23

 Lee Proverbios 19.

EJERCICIO SWORD

S **Escritura** - ¿Qué versículo o grupo de versículos te llamó la atención en la lectura de Proverbios? Escríbelo a continuación.

W **Esperar** - Dedica unos momentos a esperar en el Espíritu Santo. Deja a un lado los pensamientos y preocupaciones del día. Medita en la Escritura. Lee los versículos anteriores en voz alta, lenta y atentamente. Después, haz una pausa para asimilarlo. Deja que el Espíritu Santo te hable.

O **Observar** - ¿Qué has notado en los versículos anteriores? ¿Te ha dicho algo el Espíritu Santo? Escribe tu observación a continuación..

R **Pedir** - Pídele a Dios que te muestre dónde y cómo la Escritura y la observación se aplican a tu vida. Escribe la aplicación abajo.

D **Dedicar** – Al mirar cómo la Escritura se aplica a ti, ¿qué es una cosa que necesitas cambiar? Recuerda que no se trata necesariamente de algo que debas hacer (o dejar de hacer). Tal vez el cambio esté en la forma en que te ves a ti mismo o a los demás.

ESCALA FASTER

Adaptado con permiso de El Proceso *Génesis* por Michael Dye.

- Marca con un círculo los comportamientos con los que te identificas en cada sección.
- Identifica el comportamiento más poderoso de cada sección y escríbelo junto junto al epígrafe correspondiente.
- Responde a las tres preguntas siguientes:
  1. ¿Cómo me afecta? ¿Cómo me siento en ese momento?
  2. ¿Cómo afecta a las personas importantes de mi vida?
  3. ¿Por qué lo hago? ¿Cuál es el beneficio para mí?

Restauración _____

(Aceptar la vida en los términos de Dios, con confianza, gracia, misericordia, vulnerabilidad y gratitud) No tener secretos actuales; trabajar para resolver los problemas; identificar los miedos y los sentimientos; mantener los compromisos con las reuniones, la oración, la familia, la iglesia, las personas, los objetivos y uno mismo; ser abierto y honesto, hacer contacto visual; aumentar las relaciones con Dios y con los demás; la verdadera responsabilidad.

1. _____
2. _____
3. _____

Olvidar prioridades _____

(Empiezas a creer en las circunstancias actuales y te alejas de la confianza en Dios. Negación; huida; un cambio en lo que es importante; cómo gastas tu tiempo, energía y pensamientos) Secretos; menos tiempo/energía para Dios, reuniones, iglesia; evitar a las personas de apoyo y responsabilidad; conversaciones superficiales; sarcasmo; aislamiento; cambios en las metas; obsesión por las relaciones; romper promesas y compromisos; descuidar a la familia; preocupación por las cosas materiales, TV, computadoras, entretenimiento; procrastinación; mentir; exceso de confianza; aburrimiento; esconder dinero; manejo de la imagen; buscar controlar las situaciones y a otras personas.

1. _____
2. _____
3. _____

Pilar Cuatro | Lección Tres | 131

Ansiedad

(Un creciente ruido de fondo de miedo indefinido; obtener energía de las emociones.) Preocuparse, usar palabras soeces, ser temeroso; ser resentido; reproducir viejos pensamientos negativos; perfeccionismo; juzgar los motivos de los demás; hacer metas y listas que no puedes completar; leer la mente; fantasía, rescate codependiente; problemas de sueño, problemas de concentración, búsqueda/creación de drama; chismes; uso de medicamentos sin receta para el dolor, el sueño o el control del peso; coqueteo.

1. _____
2. _____
3. _____

Aceleración

(Intentar superar la ansiedad, que suele ser el primer signo de depresión). Súper ocupado y siempre con prisa (encontrando buenas razones para justificar el trabajo); adicto al trabajo; no puedes relajarte; evitas bajar el ritmo; te sientes impulsado; no puedes apagar los pensamientos; te salta las comidas; te das atracones (normalmente por la noche); gastas en exceso; no puedes identificar tus propios sentimientos/necesidades; pensamientos negativos repetitivos; irritable; cambios de humor drásticos; demasiada cafeína; exceso de ejercicio; nerviosismo; dificultad para estar solo y/o con la gente; dificultad para escuchar a los demás; poner excusas por tener que "hacerlo todo"

1. _____
2. _____
3. _____

Enojarse

(Subida de adrenalina por la ira y la agresividad.) Procrastinación que causa crisis en el dinero, el trabajo y las relaciones; aumento del sarcasmo; pensamiento en blanco y negro (todo o nada); sentirte solo; nadie entiende; reaccionar de forma exagerada, rabia en la carretera; resentimientos constantes; alejar a los demás; aumento del aislamiento; culpar; discutir; pensamiento irracional; no aceptar las críticas; estar a la defensiva; que la gente te evite; necesitar tener la razón; problemas digestivos; dolores de cabeza; pensamientos obsesivos (atascados); no poder perdonar; sentirte superior; utilizar la intimidación.

1. _____
2. _____
3. _____

Agotamiento _____

(Pérdida de energía física y emocional; salida del subidón de adrenalina y aparición de la depresión). Depresión; pánico; confusión; desesperanza; dormir demasiado o muy poco; no poder hacer frente a la situación; estar abrumado; llorar "sin razón"; no poder pensar; olvido; pesimismo; impotencia; cansancio; entumecimiento; querer huir; antojos constantes de antiguos comportamientos de afrontamiento; pensar en consumir sexo, drogas o alcohol; buscar a las antiguas personas y lugares insanos; aislarse mucho; que la gente se enfade contigo; maltratarte a ti mismo; pensamientos suicidas; llorar espontáneamente; no tener objetivos; modo de supervivencia; no devolver las llamadas telefónicas; faltar al trabajo; irritabilidad; no tener apetito.

1. _____
2. _____
3. _____

Recaída _____

–(Volver al lugar al que juraste no volver a ir. Enfrentándote a la vida en tus términos. Sentándote en el asiento del conductor en lugar de Dios) Rendirte y ceder; estar fuera de control; perderte en tu adicción; mentirte a ti mismo y a los demás; sentir que no puedes arreglártelas sin tus conductas de afrontamiento, al menos por ahora. El resultado es el refuerzo de la vergüenza, la culpa y la condena; y los sentimientos de abandono y de estar solo.

1. _____
2. _____
3. _____

COMPROBACIÓN GRUPAL

COMPLETAR 24 HORAS ANTES DEL GRUPO

1. ¿Cuál es el nivel más bajo que has alcanzado *en la escala* FASTER esta semana?

2. ¿Cuál era el *Doble Desafío* al que te enfrentabas?

3. ¿En qué punto de tu *Compromiso de Cambio* te encuentras con respecto a la última reunión?

4. ¿Has mentido a alguien esta semana, directa o indirectamente?

5. ¿Qué has hecho esta semana para mejorar la relación con tu esposa u otras relaciones significativas?

PILAR CUATRO
LECCIÓN CUATRO

IDENTIFICAR TU DISCAPACIDAD
PÁG / 152 DEL LIBRO DE TRABAJO

- ☐ Pilar Cuatro: video de la Lección Cuatro
- ☐ Tarea para el Libro de trabajo
- ☐ Compromiso de cambio
- ☐ Devocional
- ☐ Escala FASTER
- ☐ Comprobación grupal

COMPROMISO DE CAMBIO

1 ¿Qué área necesitas cambiar o a qué reto te enfrentas la próxima semana?

2 ¿Qué coste emocional tendrá el cambio? ¿A qué miedo tendrás que enfrentarte?

3 ¿Qué te costará si no cambias?

4 ¿Cuál es tu plan para mantener tu restauración con respecto a estos cambios?

5 ¿Ante quién tendrás que rendir cuentas cuando asumas este compromiso?

6 ¿Cuáles son los detalles de este compromiso? ¿Qué información compartirás con tu equipo de rendición de cuentas cuando te comuniques con ellos esta semana?

DEVOCIONAL

⁷ La memoria de los justos es una bendición,

pero la fama de los malvados se pudrirá.

⁸ El sabio de corazón acata los mandamientos,

pero el de palabras tontas va camino al desastre.

⁹ Quien se conduce con integridad anda seguro;

quien anda en caminos perversos será descubierto.

¹⁰ Quien guiña el ojo con malicia provoca pesar;

el necio y murmurador va camino al desastre.

¹¹ Fuente de vida es la boca del justo,

pero la boca del malvado encubre violencia.

¹² El odio es motivo de disensiones,

pero el amor cubre todas las faltas.

¹³ En los labios del prudente hay sabiduría;

en la espalda del falto de juicio, solo garrotazos.

¹⁴ El que es sabio atesora el conocimiento,

pero la boca del necio es un peligro inminente.

PROVERBIOS 10:7-14

 Lee Proverbios 10.

EJERCICIO SWORD

S Escritura - ¿Qué versículo o grupo de versículos te llamó la atención en la lectura de Proverbios? Escríbelo a continuación.

W Esperar - Dedica unos momentos a esperar en el Espíritu Santo. Deja a un lado los pensamientos y preocupaciones del día. Medita en la Escritura. Lee los versículos anteriores en voz alta, lenta y atentamente. Después, haz una pausa para asimilarlo. Deja que el Espíritu Santo te hable.

O Observar - ¿Qué has notado en los versículos anteriores? ¿Te ha dicho algo el Espíritu Santo? Escribe tu observación a continuación..

R Pedir - Pídele a Dios que te muestre dónde y cómo la Escritura y la observación se aplican a tu vida. Escribe la aplicación abajo.

D Dedicar – Al mirar cómo la Escritura se aplica a ti, ¿qué es una cosa que necesitas cambiar? Recuerda que no se trata necesariamente de algo que debas hacer (o dejar de hacer). Tal vez el cambio esté en la forma en que te ves a ti mismo o a los demás.

ESCALA FASTER

Adaptado con permiso de El *Proceso Génesis* por Michael Dye.

- Marca con un círculo los comportamientos con los que te identificas en cada sección.
- Identifica el comportamiento más poderoso de cada sección y escríbelo junto junto al epígrafe correspondiente.
- Responde a las tres preguntas siguientes:
    1. ¿Cómo me afecta? ¿Cómo me siento en ese momento?
    2. ¿Cómo afecta a las personas importantes de mi vida?
    3. ¿Por qué lo hago? ¿Cuál es el beneficio para mí?

RESTAURACIÓN _____

(Aceptar la vida en los términos de Dios, con confianza, gracia, misericordia, vulnerabilidad y gratitud) No tener secretos actuales; trabajar para resolver los problemas; identificar los miedos y los sentimientos; mantener los compromisos con las reuniones, la oración, la familia, la iglesia, las personas, los objetivos y uno mismo; ser abierto y honesto, hacer contacto visual; aumentar las relaciones con Dios y con los demás; la verdadera responsabilidad.

1. _____
2. _____
3. _____

OLVIDAR PRIORIDADES _____

(Empiezas a creer en las circunstancias actuales y te alejas de la confianza en Dios. Negación; huida; un cambio en lo que es importante; cómo gastas tu tiempo, energía y pensamientos) Secretos; menos tiempo/energía para Dios, reuniones, iglesia; evitar a las personas de apoyo y responsabilidad; conversaciones superficiales; sarcasmo; aislamiento; cambios en las metas; obsesión por las relaciones; romper promesas y compromisos; descuidar a la familia; preocupación por las cosas materiales, TV, computadoras, entretenimiento; procrastinación; mentir; exceso de confianza; aburrimiento; esconder dinero; manejo de la imagen; buscar controlar las situaciones y a otras personas.

1. _____
2. _____
3. _____

Ansiedad

(Un creciente ruido de fondo de miedo indefinido; obtener energía de las emociones.) Preocuparse, usar palabras soeces, ser temeroso; ser resentido; reproducir viejos pensamientos negativos; perfeccionismo; juzgar los motivos de los demás; hacer metas y listas que no puedes completar; leer la mente; fantasía, rescate codependiente; problemas de sueño, problemas de concentración, búsqueda/creación de drama; chismes; uso de medicamentos sin receta para el dolor, el sueño o el control del peso; coqueteo.

1. _____
2. _____
3. _____

Aceleración

(Intentar superar la ansiedad, que suele ser el primer signo de depresión). Súper ocupado y siempre con prisa (encontrando buenas razones para justificar el trabajo); adicto al trabajo; no puedes relajarte; evitas bajar el ritmo; te sientes impulsado; no puedes apagar los pensamientos; te salta las comidas; te das atracones (normalmente por la noche); gastas en exceso; no puedes identificar tus propios sentimientos/necesidades; pensamientos negativos repetitivos; irritable; cambios de humor drásticos; demasiada cafeína; exceso de ejercicio; nerviosismo; dificultad para estar solo y/o con la gente; dificultad para escuchar a los demás; poner excusas por tener que "hacerlo todo"

1. _____
2. _____
3. _____

Enojarse

(Subida de adrenalina por la ira y la agresividad.) Procrastinación que causa crisis en el dinero, el trabajo y las relaciones; aumento del sarcasmo; pensamiento en blanco y negro (todo o nada); sentirte solo; nadie entiende; reaccionar de forma exagerada, rabia en la carretera; resentimientos constantes; alejar a los demás; aumento del aislamiento; culpar; discutir; pensamiento irracional; no aceptar las críticas; estar a la defensiva; que la gente te evite; necesitar tener la razón; problemas digestivos; dolores de cabeza; pensamientos obsesivos (atascados); no poder perdonar; sentirte superior; utilizar la intimidación.

1. _____
2. _____
3. _____

AGOTAMIENTO _____

(Pérdida de energía física y emocional; salida del subidón de adrenalina y aparición de la depresión). Depresión; pánico; confusión; desesperanza; dormir demasiado o muy poco; no poder hacer frente a la situación; estar abrumado; llorar "sin razón"; no poder pensar; olvido; pesimismo; impotencia; cansancio; entumecimiento; querer huir; antojos constantes de antiguos comportamientos de afrontamiento; pensar en consumir sexo, drogas o alcohol; buscar a las antiguas personas y lugares insanos; aislarse mucho; que la gente se enfade contigo; maltratarte a ti mismo; pensamientos suicidas; llorar espontáneamente; no tener objetivos; modo de supervivencia; no devolver las llamadas telefónicas; faltar al trabajo; irritabilidad; no tener apetito.

1. _____
2. _____
3. _____

RECAÍDA _____

–(Volver al lugar al que juraste no volver a ir. Enfrentándote a la vida en tus términos. Sentándote en el asiento del conductor en lugar de Dios) Rendirte y ceder; estar fuera de control; perderte en tu adicción; mentirte a ti mismo y a los demás; sentir que no puedes arreglártelas sin tus conductas de afrontamiento, al menos por ahora. El resultado es el refuerzo de la vergüenza, la culpa y la condena; y los sentimientos de abandono y de estar solo.

1. _____
2. _____
3. _____

COMPROBACIÓN GRUPAL

COMPLETAR 24 HORAS ANTES DEL GRUPO

1 ¿Cuál es el nivel más bajo que has alcanzado *en la escala* FASTER esta semana?

2 ¿Cuál era el *Doble Desafío* al que te enfrentabas?

3 ¿En qué punto de tu *Compromiso de Cambio* te encuentras con respecto a la última reunión?

4 ¿Has mentido a alguien esta semana, directa o indirectamente?

5 ¿Qué has hecho esta semana para mejorar la relación con tu esposa u otras relaciones significativas?

PILAR CUATRO
LECCIÓN CINCO

LEVANTARSE DEL SUELO

PÁG / 167 DEL LIBRO DE TRABAJO

- ☐ Pilar Cuatro: video de la Lección Cinco
- ☐ Tarea para el Libro de trabajo
- ☐ *Lecturas de* Deseo Ser Puro
- ☐ Compromiso de cambio
- ☐ Devocional
- ☐ Escala FASTER
- ☐ Comprobación grupal

+ Lee el capítulo 11 de Deseo Ser Puro. ¿Qué has observado?

COMPROMISO DE CAMBIO

1 ¿Qué área necesitas cambiar o a qué reto te enfrentas la próxima semana?

2 ¿Qué coste emocional tendrá el cambio? ¿A qué miedo tendrás que enfrentarte?

3 ¿Qué te costará si no cambias?

4 ¿Cuál es tu plan para mantener tu restauración con respecto a estos cambios?

5 ¿Ante quién tendrás que rendir cuentas cuando asumas este compromiso?

6 ¿Cuáles son los detalles de este compromiso? ¿Qué información compartirás con tu equipo de rendición de cuentas cuando te comuniques con ellos esta semana?

DEVOCIONAL

⁵ El Señor aborrece a los arrogantes.

Una cosa es segura: no quedarán impunes.

⁶ Con amor y verdad se perdona el pecado

y con respeto al Señor se evita el mal.

⁷ Cuando el Señor aprueba la conducta de un hombre,

hasta con sus enemigos lo reconcilia.

⁸ Más vale tener poco con justicia

que ganar mucho con injusticia.

SALMO 16:5-8

 Lee Salmo 16.

EJERCICIO SWORD

 S Escritura - ¿Qué versículo o grupo de versículos te llamó la atención en la lectura de Proverbios? Escríbelo a continuación.

 **W Esperar** - Dedica unos momentos a esperar en el Espíritu Santo. Deja a un lado los pensamientos y preocupaciones del día. Medita en la Escritura. Lee los versículos anteriores en voz alta, lenta y atentamente. Después, haz una pausa para asimilarlo. Deja que el Espíritu Santo te hable.

 O Observar - ¿Qué has notado en los versículos anteriores? ¿Te ha dicho algo el Espíritu Santo? Escribe tu observación a continuación..

 R Pedir - Pídele a Dios que te muestre dónde y cómo la Escritura y la observación se aplican a tu vida. Escribe la aplicación abajo.

 **D Dedicar** – Al mirar cómo la Escritura se aplica a ti, ¿qué es una cosa que necesitas cambiar? Recuerda que no se trata necesariamente de algo que debas hacer (o dejar de hacer). Tal vez el cambio esté en la forma en que te ves a ti mismo o a los demás.

ESCALA FASTER

Adaptado con permiso de El Proceso *Génesis* por Michael Dye.

- Marca con un círculo los comportamientos con los que te identificas en cada sección.
- Identifica el comportamiento más poderoso de cada sección y escríbelo junto junto al epígrafe correspondiente.
- Responde a las tres preguntas siguientes:
  1. ¿Cómo me afecta? ¿Cómo me siento en ese momento?
  2. ¿Cómo afecta a las personas importantes de mi vida?
  3. ¿Por qué lo hago? ¿Cuál es el beneficio para mí?

Restauración _____

(Aceptar la vida en los términos de Dios, con confianza, gracia, misericordia, vulnerabilidad y gratitud) No tener secretos actuales; trabajar para resolver los problemas; identificar los miedos y los sentimientos; mantener los compromisos con las reuniones, la oración, la familia, la iglesia, las personas, los objetivos y uno mismo; ser abierto y honesto, hacer contacto visual; aumentar las relaciones con Dios y con los demás; la verdadera responsabilidad.

1. _____
2. _____
3. _____

Olvidar prioridades _____

(Empiezas a creer en las circunstancias actuales y te alejas de la confianza en Dios. Negación; huida; un cambio en lo que es importante; cómo gastas tu tiempo, energía y pensamientos) Secretos; menos tiempo/energía para Dios, reuniones, iglesia; evitar a las personas de apoyo y responsabilidad; conversaciones superficiales; sarcasmo; aislamiento; cambios en las metas; obsesión por las relaciones; romper promesas y compromisos; descuidar a la familia; preocupación por las cosas materiales, TV, computadoras, entretenimiento; procrastinación; mentir; exceso de confianza; aburrimiento; esconder dinero; manejo de la imagen; buscar controlar las situaciones y a otras personas.

1. _____
2. _____
3. _____

Pilar Cuatro | Lección Cinco | 147

ANSIEDAD

(Un creciente ruido de fondo de miedo indefinido; obtener energía de las emociones.) Preocuparse, usar palabras soeces, ser temeroso; ser resentido; reproducir viejos pensamientos negativos; perfeccionismo; juzgar los motivos de los demás; hacer metas y listas que no puedes completar; leer la mente; fantasía, rescate codependiente; problemas de sueño, problemas de concentración, búsqueda/creación de drama; chismes; uso de medicamentos sin receta para el dolor, el sueño o el control del peso; coqueteo.

1. _____
2. _____
3. _____

ACELERACIÓN

(Intentar superar la ansiedad, que suele ser el primer signo de depresión). Súper ocupado y siempre con prisa (encontrando buenas razones para justificar el trabajo); adicto al trabajo; no puedes relajarte; evitas bajar el ritmo; te sientes impulsado; no puedes apagar los pensamientos; te salta las comidas; te das atracones (normalmente por la noche); gastas en exceso; no puedes identificar tus propios sentimientos/necesidades; pensamientos negativos repetitivos; irritable; cambios de humor drásticos; demasiada cafeína; exceso de ejercicio; nerviosismo; dificultad para estar solo y/o con la gente; dificultad para escuchar a los demás; poner excusas por tener que "hacerlo todo"

1. _____
2. _____
3. _____

ENOJARSE

(Subida de adrenalina por la ira y la agresividad.) Procrastinación que causa crisis en el dinero, el trabajo y las relaciones; aumento del sarcasmo; pensamiento en blanco y negro (todo o nada); sentirte solo; nadie entiende; reaccionar de forma exagerada, rabia en la carretera; resentimientos constantes; alejar a los demás; aumento del aislamiento; culpar; discutir; pensamiento irracional; no aceptar las críticas; estar a la defensiva; que la gente te evite; necesitar tener la razón; problemas digestivos; dolores de cabeza; pensamientos obsesivos (atascados); no poder perdonar; sentirte superior; utilizar la intimidación.

1. _____
_____
2. _____
_____
3. _____
_____

AGOTAMIENTO _____

(Pérdida de energía física y emocional; salida del subidón de adrenalina y aparición de la depresión). Depresión; pánico; confusión; desesperanza; dormir demasiado o muy poco; no poder hacer frente a la situación; estar abrumado; llorar "sin razón"; no poder pensar; olvido; pesimismo; impotencia; cansancio; entumecimiento; querer huir; antojos constantes de antiguos comportamientos de afrontamiento; pensar en consumir sexo, drogas o alcohol; buscar a las antiguas personas y lugares insanos; aislarse mucho; que la gente se enfade contigo; maltratarte a ti mismo; pensamientos suicidas; llorar espontáneamente; no tener objetivos; modo de supervivencia; no devolver las llamadas telefónicas; faltar al trabajo; irritabilidad; no tener apetito.

1. _____
_____
2. _____
_____
3. _____
_____

RECAÍDA _____

–*(Volver al lugar al que juraste no volver a ir. Enfrentándote a la vida en tus términos. Sentándote en el asiento del conductor en lugar de Dios)* Rendirte y ceder; estar fuera de control; perderte en tu adicción; mentirte a ti mismo y a los demás; sentir que no puedes arreglártelas sin tus conductas de afrontamiento, al menos por ahora. El resultado es el refuerzo de la vergüenza, la culpa y la condena; y los sentimientos de abandono y de estar solo.

1. _____
_____
2. _____
_____
3. _____
_____

COMPROBACIÓN GRUPAL

COMPLETAR 24 HORAS ANTES DEL GRUPO

1 ¿Cuál es el nivel más bajo que has alcanzado *en la escala* FASTER esta semana?

2 ¿Cuál era el *Doble Desafío* al que te enfrentabas?

3 ¿En qué punto de tu *Compromiso de Cambio* te encuentras con respecto a la última reunión?

4 ¿Has mentido a alguien esta semana, directa o indirectamente?

5 ¿Qué has hecho esta semana para mejorar la relación con tu esposa u otras relaciones significativas?

PILAR CINCO
LECCIÓN UNO

ENTENDER LAS FANTASÍAS
PÁG / 178 DEL LIBRO DE TRABAJO

- ☐ Video de introducción al Pilar Cinco
- ☐ Pilar Cinco: video de la Lección Uno
- ☐ Tarea para el Libroo de trabajo
- ☐ *Lecturas de* Deseo Ser Puro
- ☐ Compromiso de cambio
- ☐ Devocional
- ☐ Escala FASTER
- ☐ Comprobación grupal

+ Lee el capítulo 12 de Deseo Ser Puro. ¿Cuáles fueron tus observaciones?

COMPROMISO DE CAMBIO

1 ¿Qué área necesitas cambiar o a qué reto te enfrentas la próxima semana?

2 ¿Qué coste emocional tendrá el cambio? ¿A qué miedo tendrás que enfrentarte?

3 ¿Qué te costará si no cambias?

4 ¿Cuál es tu plan para mantener tu restauración con respecto a estos cambios?

5 ¿Ante quién tendrás que rendir cuentas cuando asumas este compromiso?

6 ¿Cuáles son los detalles de este compromiso? ¿Qué información compartirás con tu equipo de rendición de cuentas cuando te comuniques con ellos esta semana?

DEVOCIONAL

Vale más la buena fama que las muchas riquezas,

    y la buena reputación más que la plata y el oro.

² El rico y el pobre tienen esto en común:

    a ambos los hizo el Señor.

³ El prudente ve el peligro y busca refugio;

    el inexperto sigue adelante y sufre las consecuencias.

⁴ Recompensa de la humildad y del temor del Señor

    son las riquezas, la honra y la vida.

⁵ Espinas y trampas hay en la senda de los malvados,

    pero el que cuida su vida se aleja de ellas.

⁶ Instruye al niño en el camino correcto

    y aun en su vejez no lo abandonará.

⁷ Los ricos son los amos de los pobres;

    los deudores son esclavos de sus acreedores.

⁸ El que siembra maldad cosecha desgracias;

    la vara de su ira será destruida.

PROVERBIOS 22:1-8

 Lee Proverbios 22.

EJERCICIO SWORD

S Escritura - ¿Qué versículo o grupo de versículos te llamó la atención en la lectura de Proverbios? Escríbelo a continuación.

W Esperar - Dedica unos momentos a esperar en el Espíritu Santo. Deja a un lado los pensamientos y preocupaciones del día. Medita en la Escritura. Lee los versículos anteriores en voz alta, lenta y atentamente. Después, haz una pausa para asimilarlo. Deja que el Espíritu Santo te hable.

O Observar - ¿Qué has notado en los versículos anteriores? ¿Te ha dicho algo el Espíritu Santo? Escribe tu observación a continuación..

R Pedir - Pídele a Dios que te muestre dónde y cómo la Escritura y la observación se aplican a tu vida. Escribe la aplicación abajo.

D Dedicar – Al mirar cómo la Escritura se aplica a ti, ¿qué es una cosa que necesitas cambiar? Recuerda que no se trata necesariamente de algo que debas hacer (o dejar de hacer). Tal vez el cambio esté en la forma en que te ves a ti mismo o a los demás.

ESCALA FASTER

Adaptado con permiso de El *Proceso Génesis por Michael Dye*.

- Marca con un círculo los comportamientos con los que te identificas en cada sección.
- Identifica el comportamiento más poderoso de cada sección y escríbelo junto junto al epígrafe correspondiente.
- Responde a las tres preguntas siguientes:
    1. ¿Cómo me afecta? ¿Cómo me siento en ese momento?
    2. ¿Cómo afecta a las personas importantes de mi vida?
    3. ¿Por qué lo hago? ¿Cuál es el beneficio para mí?

Restauración _____

(Aceptar la vida en los términos de Dios, con confianza, gracia, misericordia, vulnerabilidad y gratitud) No tener secretos actuales; trabajar para resolver los problemas; identificar los miedos y los sentimientos; mantener los compromisos con las reuniones, la oración, la familia, la iglesia, las personas, los objetivos y uno mismo; ser abierto y honesto, hacer contacto visual; aumentar las relaciones con Dios y con los demás; la verdadera responsabilidad.

1. _____
2. _____
3. _____

Olvidar prioridades _____

(Empiezas a creer en las circunstancias actuales y te alejas de la confianza en Dios. Negación; huida; un cambio en lo que es importante; cómo gastas tu tiempo, energía y pensamientos) Secretos; menos tiempo/energía para Dios, reuniones, iglesia; evitar a las personas de apoyo y responsabilidad; conversaciones superficiales; sarcasmo; aislamiento; cambios en las metas; obsesión por las relaciones; romper promesas y compromisos; descuidar a la familia; preocupación por las cosas materiales, TV, computadoras, entretenimiento; procrastinación; mentir; exceso de confianza; aburrimiento; esconder dinero; manejo de la imagen; buscar controlar las situaciones y a otras personas.

1. _____
2. _____
3. _____

Pilar Cinco   Lección Uno | 155

Ansiedad

(Un creciente ruido de fondo de miedo indefinido; obtener energía de las emociones.) Preocuparse, usar palabras soeces, ser temeroso; ser resentido; reproducir viejos pensamientos negativos; perfeccionismo; juzgar los motivos de los demás; hacer metas y listas que no puedes completar; leer la mente; fantasía, rescate codependiente; problemas de sueño, problemas de concentración, búsqueda/creación de drama; chismes; uso de medicamentos sin receta para el dolor, el sueño o el control del peso; coqueteo.

1. _____
2. _____
3. _____

Aceleración

(Intentar superar la ansiedad, que suele ser el primer signo de depresión). Súper ocupado y siempre con prisa (encontrando buenas razones para justificar el trabajo); adicto al trabajo; no puedes relajarte; evitas bajar el ritmo; te sientes impulsado; no puedes apagar los pensamientos; te salta las comidas; te das atracones (normalmente por la noche); gastas en exceso; no puedes identificar tus propios sentimientos/necesidades; pensamientos negativos repetitivos; irritable; cambios de humor drásticos; demasiada cafeína; exceso de ejercicio; nerviosismo; dificultad para estar solo y/o con la gente; dificultad para escuchar a los demás; poner excusas por tener que "hacerlo todo"

1. _____
2. _____
3. _____

Enojarse

(Subida de adrenalina por la ira y la agresividad.) Procrastinación que causa crisis en el dinero, el trabajo y las relaciones; aumento del sarcasmo; pensamiento en blanco y negro (todo o nada); sentirte solo; nadie entiende; reaccionar de forma exagerada, rabia en la carretera; resentimientos constantes; alejar a los demás; aumento del aislamiento; culpar; discutir; pensamiento irracional; no aceptar las críticas; estar a la defensiva; que la gente te evite; necesitar tener la razón; problemas digestivos; dolores de cabeza; pensamientos obsesivos (atascados); no poder perdonar; sentirte superior; utilizar la intimidación.

1. _____
2. _____
3. _____

Agotamiento _____

(Pérdida de energía física y emocional; salida del subidón de adrenalina y aparición de la depresión). Depresión; pánico; confusión; desesperanza; dormir demasiado o muy poco; no poder hacer frente a la situación; estar abrumado; llorar "sin razón"; no poder pensar; olvido; pesimismo; impotencia; cansancio; entumecimiento; querer huir; antojos constantes de antiguos comportamientos de afrontamiento; pensar en consumir sexo, drogas o alcohol; buscar a las antiguas personas y lugares insanos; aislarse mucho; que la gente se enfade contigo; maltratarte a ti mismo; pensamientos suicidas; llorar espontáneamente; no tener objetivos; modo de supervivencia; no devolver las llamadas telefónicas; faltar al trabajo; irritabilidad; no tener apetito.

1. _____
2. _____
3. _____

Recaída _____

–*(Volver al lugar al que juraste no volver a ir. Enfrentándote a la vida en tus términos. Sentándote en el asiento del conductor en lugar de Dios)* Rendirte y ceder; estar fuera de control; perderte en tu adicción; mentirte a ti mismo y a los demás; sentir que no puedes arreglártelas sin tus conductas de afrontamiento, al menos por ahora. El resultado es el refuerzo de la vergüenza, la culpa y la condena; y los sentimientos de abandono y de estar solo.

1. _____
2. _____
3. _____

COMPROBACIÓN GRUPAL

COMPLETAR 24 HORAS ANTES DEL GRUPO

1 ¿Cuál es el nivel más bajo que has alcanzado *en la escala* FASTER esta semana?

2 ¿Cuál era el *Doble Desafío* al que te enfrentabas?

3 ¿En qué punto de tu *Compromiso de Cambio* te encuentras con respecto a la última reunión?

4 ¿Has mentido a alguien esta semana, directa o indirectamente?

5 ¿Qué has hecho esta semana para mejorar la relación con tu esposa u otras relaciones significativas?

PILAR CINCO
LECCIÓN DOS

CONFIAR EN DIOS EN EL MOMENTO
PÁG / 185 DEL LIBRO DE TRABAJO

- ☐ Pilar Cinco: video de la Lección Dos
- ☐ Tarea para el Libro de trabajo
- ☐ *Lecturas de* Deseo Ser Puro
- ☐ Compromiso de cambio
- ☐ Devocional
- ☐ Escala FASTER
- ☐ Comprobación grupal

+ Lee el capítulo 13 de Deseo Ser Puro. ¿Cuáles fueron tus observaciones?

COMPROMISO DE CAMBIO

1 ¿Qué área necesitas cambiar o a qué reto te enfrentas la próxima semana?

2 ¿Qué coste emocional tendrá el cambio? ¿A qué miedo tendrás que enfrentarte?

3 ¿Qué te costará si no cambias?

4 ¿Cuál es tu plan para mantener tu restauración con respecto a estos cambios?

5 ¿Ante quién tendrás que rendir cuentas cuando asumas este compromiso?

6 ¿Cuáles son los detalles de este compromiso? ¿Qué información compartirás con tu equipo de rendición de cuentas cuando te comuniques con ellos esta semana?

DEVOCIONAL

El que es reacio a las reprensiones

será destruido de repente y sin remedio.

² Cuando los justos prosperan, el pueblo se alegra;

cuando los impíos gobiernan, el pueblo gime.

³ El que ama la sabiduría alegra a su padre;

el que frecuenta rameras pierde su fortuna.

⁴ Con justicia el rey da estabilidad al país;

cuando lo abruma con tributos, lo destruye.

⁵ El que adula a su prójimo

le tiende una trampa ante sus pies.

⁶ Al malvado lo atrapa su propia maldad,

pero el justo puede cantar de alegría.

⁷ El justo se ocupa de la causa del desvalido;

el malvado ni sabe de qué se trata.

⁸ Los insolentes agitan la ciudad,

pero los sabios aplacan la ira.

PROVERBIOS 29:1-8

 Lee Proverbios 29.

EJERCICIO SWORD

S Escritura - ¿Qué versículo o grupo de versículos te llamó la atención en la lectura de Proverbios? Escríbelo a continuación.

W Esperar - Dedica unos momentos a esperar en el Espíritu Santo. Deja a un lado los pensamientos y preocupaciones del día. Medita en la Escritura. Lee los versículos anteriores en voz alta, lenta y atentamente. Después, haz una pausa para asimilarlo. Deja que el Espíritu Santo te hable.

O Observar - ¿Qué has notado en los versículos anteriores? ¿Te ha dicho algo el Espíritu Santo? Escribe tu observación a continuación..

R Pedir - Pídele a Dios que te muestre dónde y cómo la Escritura y la observación se aplican a tu vida. Escribe la aplicación abajo.

D Dedicar – Al mirar cómo la Escritura se aplica a ti, ¿qué es una cosa que necesitas cambiar? Recuerda que no se trata necesariamente de algo que debas hacer (o dejar de hacer). Tal vez el cambio esté en la forma en que te ves a ti mismo o a los demás.

ESCALA FASTER

Adaptado con permiso de El *Proceso Génesis por* Michael Dye.

+ Marca con un círculo los comportamientos con los que te identificas en cada sección.
+ Identifica el comportamiento más poderoso de cada sección y escríbelo junto junto al epígrafe correspondiente.
+ Responde a las tres preguntas siguientes:
  1. ¿Cómo me afecta? ¿Cómo me siento en ese momento?
  2. ¿Cómo afecta a las personas importantes de mi vida?
  3. ¿Por qué lo hago? ¿Cuál es el beneficio para mí?

Restauración _____

(Aceptar la vida en los términos de Dios, con confianza, gracia, misericordia, vulnerabilidad y gratitud) No tener secretos actuales; trabajar para resolver los problemas; identificar los miedos y los sentimientos; mantener los compromisos con las reuniones, la oración, la familia, la iglesia, las personas, los objetivos y uno mismo; ser abierto y honesto, hacer contacto visual; aumentar las relaciones con Dios y con los demás; la verdadera responsabilidad.

1. _____
2. _____
3. _____

Olvidar prioridades _____

(Empiezas a creer en las circunstancias actuales y te alejas de la confianza en Dios. Negación; huida; un cambio en lo que es importante; cómo gastas tu tiempo, energía y pensamientos) Secretos; menos tiempo/energía para Dios, reuniones, iglesia; evitar a las personas de apoyo y responsabilidad; conversaciones superficiales; sarcasmo; aislamiento; cambios en las metas; obsesión por las relaciones; romper promesas y compromisos; descuidar a la familia; preocupación por las cosas materiales, TV, computadoras, entretenimiento; procrastinación; mentir; exceso de confianza; aburrimiento; esconder dinero; manejo de la imagen; buscar controlar las situaciones y a otras personas.

1. _____
2. _____
3. _____

ANSIEDAD

(Un creciente ruido de fondo de miedo indefinido; obtener energía de las emociones.) Preocuparse, usar palabras soeces, ser temeroso; ser resentido; reproducir viejos pensamientos negativos; perfeccionismo; juzgar los motivos de los demás; hacer metas y listas que no puedes completar; leer la mente; fantasía, rescate codependiente; problemas de sueño, problemas de concentración, búsqueda/creación de drama; chismes; uso de medicamentos sin receta para el dolor, el sueño o el control del peso; coqueteo.

1. _____
2. _____
3. _____

ACELERACIÓN

(Intentar superar la ansiedad, que suele ser el primer signo de depresión). Súper ocupado y siempre con prisa (encontrando buenas razones para justificar el trabajo); adicto al trabajo; no puedes relajarte; evitas bajar el ritmo; te sientes impulsado; no puedes apagar los pensamientos; te salta las comidas; te das atracones (normalmente por la noche); gastas en exceso; no puedes identificar tus propios sentimientos/necesidades; pensamientos negativos repetitivos; irritable; cambios de humor drásticos; demasiada cafeína; exceso de ejercicio; nerviosismo; dificultad para estar solo y/o con la gente; dificultad para escuchar a los demás; poner excusas por tener que "hacerlo todo"

1. _____
2. _____
3. _____

ENOJARSE

(Subida de adrenalina por la ira y la agresividad.) Procrastinación que causa crisis en el dinero, el trabajo y las relaciones; aumento del sarcasmo; pensamiento en blanco y negro (todo o nada); sentirte solo; nadie entiende; reaccionar de forma exagerada, rabia en la carretera; resentimientos constantes; alejar a los demás; aumento del aislamiento; culpar; discutir; pensamiento irracional; no aceptar las críticas; estar a la defensiva; que la gente te evite; necesitar tener la razón; problemas digestivos; dolores de cabeza; pensamientos obsesivos (atascados); no poder perdonar; sentirte superior; utilizar la intimidación.

1. _____
2. _____
3. _____

Agotamiento _____

(Pérdida de energía física y emocional; salida del subidón de adrenalina y aparición de la depresión). Depresión; pánico; confusión; desesperanza; dormir demasiado o muy poco; no poder hacer frente a la situación; estar abrumado; llorar "sin razón"; no poder pensar; olvido; pesimismo; impotencia; cansancio; entumecimiento; querer huir; antojos constantes de antiguos comportamientos de afrontamiento; pensar en consumir sexo, drogas o alcohol; buscar a las antiguas personas y lugares insanos; aislarse mucho; que la gente se enfade contigo; maltratarte a ti mismo; pensamientos suicidas; llorar espontáneamente; no tener objetivos; modo de supervivencia; no devolver las llamadas telefónicas; faltar al trabajo; irritabilidad; no tener apetito.

1. _____
2. _____
3. _____

Recaída _____

–*(Volver al lugar al que juraste no volver a ir. Enfrentándote a la vida en tus términos. Sentándote en el asiento del conductor en lugar de Dios)* Rendirte y ceder; estar fuera de control; perderte en tu adicción; mentirte a ti mismo y a los demás; sentir que no puedes arreglártelas sin tus conductas de afrontamiento, al menos por ahora. El resultado es el refuerzo de la vergüenza, la culpa y la condena; y los sentimientos de abandono y de estar solo.

1. _____
2. _____
3. _____

COMPROBACIÓN GRUPAL

COMPLETAR 24 HORAS ANTES DEL GRUPO

1 ¿Cuál es el nivel más bajo que has alcanzado *en la escala* FASTER esta semana?

2 ¿Cuál era el *Doble Desafío* al que te enfrentabas?

3 ¿En qué punto de tu *Compromiso de Cambio* te encuentras con respecto a la última reunión?

4 ¿Has mentido a alguien esta semana, directa o indirectamente?

5 ¿Qué has hecho esta semana para mejorar la relación con tu esposa u otras relaciones significativas?

PILAR CINCO
LECCIÓN TRES

EJERCICIOS DE ENTRENAMIENTO
PÁG / 195 DEL LIBRO DE TRABAJO

- ☐ Pilar Cinco: video de la Lección Tres
- ☐ Tarea para el Libro de trabajo
- ☐ Compromiso de cambio
- ☐ Devocional
- ☐ Escala FASTER
- ☐ Comprobación grupal

COMPROMISO DE CAMBIO

1 ¿Qué área necesitas cambiar o a qué reto te enfrentas la próxima semana?

2 ¿Qué coste emocional tendrá el cambio? ¿A qué miedo tendrás que enfrentarte?

3 ¿Qué te costará si no cambias?

4 ¿Cuál es tu plan para mantener tu restauración con respecto a estos cambios?

5 ¿Ante quién tendrás que rendir cuentas cuando asumas este compromiso?

6 ¿Cuáles son los detalles de este compromiso? ¿Qué información compartirás con tu equipo de rendición de cuentas cuando te comuniques con ellos esta semana?

DEVOCIONAL

No envidies a los malvados

ni procures su compañía;

² porque en su corazón planean violencia

y no hablan más que de cometer fechorías.

21

³ Con sabiduría se construye la casa;

con inteligencia se echan los cimientos.

⁴ Con buen juicio se llenan sus cuartos

de bellos y extraordinarios tesoros.

22

⁵ El que es sabio tiene gran poder

y el que es entendido aumenta su fuerza.

⁶ La guerra se hace con buena estrategia;

la victoria se alcanza con muchos consejeros.

23

⁷ La sabiduría no está al alcance del necio,

en los tribunales del pueblo[a] nada tiene que decir.

PROVERBIOS 24:1-7

 Lee Proverbios 24.

EJERCICIO SWORD

 S Escritura - ¿Qué versículo o grupo de versículos te llamó la atención en la lectura de Proverbios? Escríbelo a continuación.

 **W Esperar** - Dedica unos momentos a esperar en el Espíritu Santo. Deja a un lado los pensamientos y preocupaciones del día. Medita en la Escritura. Lee los versículos anteriores en voz alta, lenta y atentamente. Después, haz una pausa para asimilarlo. Deja que el Espíritu Santo te hable.

 O Observar - ¿Qué has notado en los versículos anteriores? ¿Te ha dicho algo el Espíritu Santo? Escribe tu observación a continuación..

 R Pedir - Pídele a Dios que te muestre dónde y cómo la Escritura y la observación se aplican a tu vida. Escribe la aplicación abajo.

 **D Dedicar** – Al mirar cómo la Escritura se aplica a ti, ¿qué es una cosa que necesitas cambiar? Recuerda que no se trata necesariamente de algo que debas hacer (o dejar de hacer). Tal vez el cambio esté en la forma en que te ves a ti mismo o a los demás.

ESCALA FASTER

Adaptado con permiso de El Proceso Génesis por Michael Dye.

- Marca con un círculo los comportamientos con los que te identificas en cada sección.
- Identifica el comportamiento más poderoso de cada sección y escríbelo junto junto al epígrafe correspondiente.
- Responde a las tres preguntas siguientes:
    1. ¿Cómo me afecta? ¿Cómo me siento en ese momento?
    2. ¿Cómo afecta a las personas importantes de mi vida?
    3. ¿Por qué lo hago? ¿Cuál es el beneficio para mí?

Restauración _____

(Aceptar la vida en los términos de Dios, con confianza, gracia, misericordia, vulnerabilidad y gratitud) No tener secretos actuales; trabajar para resolver los problemas; identificar los miedos y los sentimientos; mantener los compromisos con las reuniones, la oración, la familia, la iglesia, las personas, los objetivos y uno mismo; ser abierto y honesto, hacer contacto visual; aumentar las relaciones con Dios y con los demás; la verdadera responsabilidad.

1. _____
2. _____
3. _____

Olvidar prioridades _____

(Empiezas a creer en las circunstancias actuales y te alejas de la confianza en Dios. Negación; huida; un cambio en lo que es importante; cómo gastas tu tiempo, energía y pensamientos) Secretos; menos tiempo/energía para Dios, reuniones, iglesia; evitar a las personas de apoyo y responsabilidad; conversaciones superficiales; sarcasmo; aislamiento; cambios en las metas; obsesión por las relaciones; romper promesas y compromisos; descuidar a la familia; preocupación por las cosas materiales, TV, computadoras, entretenimiento; procrastinación; mentir; exceso de confianza; aburrimiento; esconder dinero; manejo de la imagen; buscar controlar las situaciones y a otras personas.

1. _____
2. _____
3. _____

Pilar Cinco | Lección Tres | 171

Ansiedad

(Un creciente ruido de fondo de miedo indefinido; obtener energía de las emociones.) Preocuparse, usar palabras soeces, ser temeroso; ser resentido; reproducir viejos pensamientos negativos; perfeccionismo; juzgar los motivos de los demás; hacer metas y listas que no puedes completar; leer la mente; fantasía, rescate codependiente; problemas de sueño, problemas de concentración, búsqueda/creación de drama; chismes; uso de medicamentos sin receta para el dolor, el sueño o el control del peso; coqueteo.

1. _____
2. _____
3. _____

Aceleración

(Intentar superar la ansiedad, que suele ser el primer signo de depresión). Súper ocupado y siempre con prisa (encontrando buenas razones para justificar el trabajo); adicto al trabajo; no puedes relajarte; evitas bajar el ritmo; te sientes impulsado; no puedes apagar los pensamientos; te salta las comidas; te das atracones (normalmente por la noche); gastas en exceso; no puedes identificar tus propios sentimientos/necesidades; pensamientos negativos repetitivos; irritable; cambios de humor drásticos; demasiada cafeína; exceso de ejercicio; nerviosismo; dificultad para estar solo y/o con la gente; dificultad para escuchar a los demás; poner excusas por tener que "hacerlo todo"

1. _____
2. _____
3. _____

Enojarse

(Subida de adrenalina por la ira y la agresividad.) Procrastinación que causa crisis en el dinero, el trabajo y las relaciones; aumento del sarcasmo; pensamiento en blanco y negro (todo o nada); sentirte solo; nadie entiende; reaccionar de forma exagerada, rabia en la carretera; resentimientos constantes; alejar a los demás; aumento del aislamiento; culpar; discutir; pensamiento irracional; no aceptar las críticas; estar a la defensiva; que la gente te evite; necesitar tener la razón; problemas digestivos; dolores de cabeza; pensamientos obsesivos (atascados); no poder perdonar; sentirte superior; utilizar la intimidación.

1. _____
2. _____
3. _____

Agotamiento _____

(Pérdida de energía física y emocional; salida del subidón de adrenalina y aparición de la depresión). Depresión; pánico; confusión; desesperanza; dormir demasiado o muy poco; no poder hacer frente a la situación; estar abrumado; llorar "sin razón"; no poder pensar; olvido; pesimismo; impotencia; cansancio; entumecimiento; querer huir; antojos constantes de antiguos comportamientos de afrontamiento; pensar en consumir sexo, drogas o alcohol; buscar a las antiguas personas y lugares insanos; aislarse mucho; que la gente se enfade contigo; maltratarte a ti mismo; pensamientos suicidas; llorar espontáneamente; no tener objetivos; modo de supervivencia; no devolver las llamadas telefónicas; faltar al trabajo; irritabilidad; no tener apetito.

1. _____
2. _____
3. _____

Recaída _____

–*(Volver al lugar al que juraste no volver a ir. Enfrentándote a la vida en tus términos. Sentándote en el asiento del conductor en lugar de Dios)* Rendirte y ceder; estar fuera de control; perderte en tu adicción; mentirte a ti mismo y a los demás; sentir que no puedes arreglártelas sin tus conductas de afrontamiento, al menos por ahora. El resultado es el refuerzo de la vergüenza, la culpa y la condena; y los sentimientos de abandono y de estar solo.

1. _____
2. _____
3. _____

COMPROBACIÓN GRUPAL

COMPLETAR 24 HORAS ANTES DEL GRUPO

1 ¿Cuál es el nivel más bajo que has alcanzado *en la escala* FASTER esta semana?

2 ¿Cuál era el *Doble Desafío* al que te enfrentabas?

3 ¿En qué punto de tu *Compromiso de Cambio* te encuentras con respecto a la última reunión?

4 ¿Has mentido a alguien esta semana, directa o indirectamente?

5 ¿Qué has hecho esta semana para mejorar la relación con tu esposa u otras relaciones significativas?

PILAR CINCO
LECCIÓN CUATRO

CONSTRUIR UN PLAN DE BATALLA GANADOR
PÁG / 203 DEL LIBRO DE TRABAJO

- ☐ Pilar Cinco: video de la Lección Cuatro
- ☐ Tarea para el Libro de trabajo
- ☐ *Lecturas de* Deseo Ser Puro
- ☐ Compromiso de cambio
- ☐ Devocional
- ☐ Escala FASTER
- ☐ Comprobación grupal

+ Lee el capítulo 14 de Deseo Ser Puro. ¿Cuáles fueron tus observaciones?

COMPROMISO DE CAMBIO

1 ¿Qué área necesitas cambiar o a qué reto te enfrentas la próxima semana?

2 ¿Qué coste emocional tendrá el cambio? ¿A qué miedo tendrás que enfrentarte?

3 ¿Qué te costará si no cambias?

4 ¿Cuál es tu plan para mantener tu restauración con respecto a estos cambios?

5 ¿Ante quién tendrás que rendir cuentas cuando asumas este compromiso?

6 ¿Cuáles son los detalles de este compromiso? ¿Qué información compartirás con tu equipo de rendición de cuentas cuando te comuniques con ellos esta semana?

DEVOCIONAL

³² »Y ahora, hijos míos, escúchenme:
dichosos los que siguen mis caminos.
³³ Atiendan a mi instrucción y sean sabios;
no la descuiden.
³⁴ Dichosos los que me escuchan
y a mis puertas están atentos cada día,
esperando a la entrada de mi casa.
³⁵ En verdad, quien me encuentra halla la vida
y recibe el favor del Señor.
³⁶ Quien me rechaza se perjudica a sí mismo;
quien me aborrece, ama la muerte».

PROVERBIOS 8:32-36

 Lee Proverbios 8.

EJERCICIO SWORD

S Escritura - ¿Qué versículo o grupo de versículos te llamó la atención en la lectura de Proverbios? Escríbelo a continuación.

W Esperar - Dedica unos momentos a esperar en el Espíritu Santo. Deja a un lado los pensamientos y preocupaciones del día. Medita en la Escritura. Lee los versículos anteriores en voz alta, lenta y atentamente. Después, haz una pausa para asimilarlo. Deja que el Espíritu Santo te hable.

O Observar - ¿Qué has notado en los versículos anteriores? ¿Te ha dicho algo el Espíritu Santo? Escribe tu observación a continuación..

R Pedir - Pídele a Dios que te muestre dónde y cómo la Escritura y la observación se aplican a tu vida. Escribe la aplicación abajo.

D Dedicar – Al mirar cómo la Escritura se aplica a ti, ¿qué es una cosa que necesitas cambiar? Recuerda que no se trata necesariamente de algo que debas hacer (o dejar de hacer). Tal vez el cambio esté en la forma en que te ves a ti mismo o a los demás.

ESCALA FASTER

Adaptado con permiso de El *Proceso Génesis por* Michael Dye.

- Marca con un círculo los comportamientos con los que te identificas en cada sección.
- Identifica el comportamiento más poderoso de cada sección y escríbelo junto junto al epígrafe correspondiente.
- Responde a las tres preguntas siguientes:
    1. ¿Cómo me afecta? ¿Cómo me siento en ese momento?
    2. ¿Cómo afecta a las personas importantes de mi vida?
    3. ¿Por qué lo hago? ¿Cuál es el beneficio para mí?

Restauración _____

(Aceptar la vida en los términos de Dios, con confianza, gracia, misericordia, vulnerabilidad y gratitud) No tener secretos actuales; trabajar para resolver los problemas; identificar los miedos y los sentimientos; mantener los compromisos con las reuniones, la oración, la familia, la iglesia, las personas, los objetivos y uno mismo; ser abierto y honesto, hacer contacto visual; aumentar las relaciones con Dios y con los demás; la verdadera responsabilidad.

1. _____
2. _____
3. _____

Olvidar prioridades _____

(Empiezas a creer en las circunstancias actuales y te alejas de la confianza en Dios. Negación; huida; un cambio en lo que es importante; cómo gastas tu tiempo, energía y pensamientos) Secretos; menos tiempo/energía para Dios, reuniones, iglesia; evitar a las personas de apoyo y responsabilidad; conversaciones superficiales; sarcasmo; aislamiento; cambios en las metas; obsesión por las relaciones; romper promesas y compromisos; descuidar a la familia; preocupación por las cosas materiales, TV, computadoras, entretenimiento; procrastinación; mentir; exceso de confianza; aburrimiento; esconder dinero; manejo de la imagen; buscar controlar las situaciones y a otras personas.

1. _____
2. _____
3. _____

Pilar Cinco | Lección Cuatro

Ansiedad

(Un creciente ruido de fondo de miedo indefinido; obtener energía de las emociones.) Preocuparse, usar palabras soeces, ser temeroso; ser resentido; reproducir viejos pensamientos negativos; perfeccionismo; juzgar los motivos de los demás; hacer metas y listas que no puedes completar; leer la mente; fantasía, rescate codependiente; problemas de sueño, problemas de concentración, búsqueda/creación de drama; chismes; uso de medicamentos sin receta para el dolor, el sueño o el control del peso; coqueteo.

1. _____
2. _____
3. _____

Aceleración

(Intentar superar la ansiedad, que suele ser el primer signo de depresión). Súper ocupado y siempre con prisa (encontrando buenas razones para justificar el trabajo); adicto al trabajo; no puedes relajarte; evitas bajar el ritmo; te sientes impulsado; no puedes apagar los pensamientos; te salta las comidas; te das atracones (normalmente por la noche); gastas en exceso; no puedes identificar tus propios sentimientos/necesidades; pensamientos negativos repetitivos; irritable; cambios de humor drásticos; demasiada cafeína; exceso de ejercicio; nerviosismo; dificultad para estar solo y/o con la gente; dificultad para escuchar a los demás; poner excusas por tener que "hacerlo todo"

1. _____
2. _____
3. _____

Enojarse

(Subida de adrenalina por la ira y la agresividad.) Procrastinación que causa crisis en el dinero, el trabajo y las relaciones; aumento del sarcasmo; pensamiento en blanco y negro (todo o nada); sentirte solo; nadie entiende; reaccionar de forma exagerada, rabia en la carretera; resentimientos constantes; alejar a los demás; aumento del aislamiento; culpar; discutir; pensamiento irracional; no aceptar las críticas; estar a la defensiva; que la gente te evite; necesitar tener la razón; problemas digestivos; dolores de cabeza; pensamientos obsesivos (atascados); no poder perdonar; sentirte superior; utilizar la intimidación.

1. _____
   _____
2. _____
   _____
3. _____
   _____

Agotamiento _____

(Pérdida de energía física y emocional; salida del subidón de adrenalina y aparición de la depresión). Depresión; pánico; confusión; desesperanza; dormir demasiado o muy poco; no poder hacer frente a la situación; estar abrumado; llorar "sin razón"; no poder pensar; olvido; pesimismo; impotencia; cansancio; entumecimiento; querer huir; antojos constantes de antiguos comportamientos de afrontamiento; pensar en consumir sexo, drogas o alcohol; buscar a las antiguas personas y lugares insanos; aislarse mucho; que la gente se enfade contigo; maltratarte a ti mismo; pensamientos suicidas; llorar espontáneamente; no tener objetivos; modo de supervivencia; no devolver las llamadas telefónicas; faltar al trabajo; irritabilidad; no tener apetito.

1. _____
   _____
2. _____
   _____
3. _____
   _____

Recaída _____

–(Volver al lugar al que juraste no volver a ir. Enfrentándote a la vida en tus términos. Sentándote en el asiento del conductor en lugar de Dios) Rendirte y ceder; estar fuera de control; perderte en tu adicción; mentirte a ti mismo y a los demás; sentir que no puedes arreglártelas sin tus conductas de afrontamiento, al menos por ahora. El resultado es el refuerzo de la vergüenza, la culpa y la condena; y los sentimientos de abandono y de estar solo.

1. _____
   _____
2. _____
   _____
3. _____
   _____

COMPROBACIÓN GRUPAL

COMPLETAR 24 HORAS ANTES DEL GRUPO

1 ¿Cuál es el nivel más bajo que has alcanzado *en la escala* FASTER esta semana?

2 ¿Cuál era el *Doble Desafío* al que te enfrentabas?

3 ¿En qué punto de tu *Compromiso de Cambio* te encuentras con respecto a la última reunión?

4 ¿Has mentido a alguien esta semana, directa o indirectamente?

5 ¿Qué has hecho esta semana para mejorar la relación con tu esposa u otras relaciones significativas?

PILAR SEIS
LECCIÓN UNO

LOS MIGS SALEN DE LA MALEZA
PÁG / 218 DEL LIBRO DE TRABAJO

- ☐ Video de introducción al Pilar Seis
- ☐ Pilar Seis: video de la Lección Uno
- ☐ Tarea para el Libro de trabajo
- ☐ Compromiso de cambio
- ☐ Devocional
- ☐ Escala FASTER
- ☐ Comprobación grupal

COMPROMISO DE CAMBIO

1. ¿Qué área necesitas cambiar o a qué reto te enfrentas la próxima semana?

2. ¿Qué coste emocional tendrá el cambio? ¿A qué miedo tendrás que enfrentarte?

3. ¿Qué te costará si no cambias?

4. ¿Cuál es tu plan para mantener tu restauración con respecto a estos cambios?

5. ¿Ante quién tendrás que rendir cuentas cuando asumas este compromiso?

6. ¿Cuáles son los detalles de este compromiso? ¿Qué información compartirás con tu equipo de rendición de cuentas cuando te comuniques con ellos esta semana?

DEVOCIONAL

¹¹ La casa del malvado será destruida,

pero la morada del justo prosperará.

¹² Hay un camino que al hombre le parece recto,

pero acaba por ser camino de muerte.

¹³ Hasta de reírse duele el corazón

y hay alegrías que acaban en tristezas.

¹⁴ El inconstante recibirá todo el pago de su inconstancia;

el hombre bueno, el premio de sus acciones.

¹⁵ El inexperto cree todo lo que le dicen;

el prudente se fija por dónde va.

¹⁶ El sabio teme al Señor y se aparta del mal,

pero el necio es arrogante y se pasa de confiado.

¹⁷ El iracundo actúa neciamente

y el malvado es odiado.

¹⁸ Herencia de los inexpertos es la necedad;

corona de los prudentes, el conocimiento.

PROVERBIOS 14:11-18

 Lee Proverbios 14.

EJERCICIO SWORD

S **Escritura** - ¿Qué versículo o grupo de versículos te llamó la atención en la lectura de Proverbios? Escríbelo a continuación.

W **Esperar** - Dedica unos momentos a esperar en el Espíritu Santo. Deja a un lado los pensamientos y preocupaciones del día. Medita en la Escritura. Lee los versículos anteriores en voz alta, lenta y atentamente. Después, haz una pausa para asimilarlo. Deja que el Espíritu Santo te hable.

O **Observar** - ¿Qué has notado en los versículos anteriores? ¿Te ha dicho algo el Espíritu Santo? Escribe tu observación a continuación..

R **Pedir** - Pídele a Dios que te muestre dónde y cómo la Escritura y la observación se aplican a tu vida. Escribe la aplicación abajo.

D **Dedicar** – Al mirar cómo la Escritura se aplica a ti, ¿qué es una cosa que necesitas cambiar? Recuerda que no se trata necesariamente de algo que debas hacer (o dejar de hacer). Tal vez el cambio esté en la forma en que te ves a ti mismo o a los demás.

ESCALA FASTER

Adaptado con permiso de El Proceso *Génesis* por Michael Dye.

- Marca con un círculo los comportamientos con los que te identificas en cada sección.
- Identifica el comportamiento más poderoso de cada sección y escríbelo junto junto al epígrafe correspondiente.
- Responde a las tres preguntas siguientes:
  1. ¿Cómo me afecta? ¿Cómo me siento en ese momento?
  2. ¿Cómo afecta a las personas importantes de mi vida?
  3. ¿Por qué lo hago? ¿Cuál es el beneficio para mí?

Restauración _____

(Aceptar la vida en los términos de Dios, con confianza, gracia, misericordia, vulnerabilidad y gratitud) No tener secretos actuales; trabajar para resolver los problemas; identificar los miedos y los sentimientos; mantener los compromisos con las reuniones, la oración, la familia, la iglesia, las personas, los objetivos y uno mismo; ser abierto y honesto, hacer contacto visual; aumentar las relaciones con Dios y con los demás; la verdadera responsabilidad.

1. _____
2. _____
3. _____

Olvidar prioridades _____

(Empiezas a creer en las circunstancias actuales y te alejas de la confianza en Dios. Negación; huida; un cambio en lo que es importante; cómo gastas tu tiempo, energía y pensamientos) Secretos; menos tiempo/energía para Dios, reuniones, iglesia; evitar a las personas de apoyo y responsabilidad; conversaciones superficiales; sarcasmo; aislamiento; cambios en las metas; obsesión por las relaciones; romper promesas y compromisos; descuidar a la familia; preocupación por las cosas materiales, TV, computadoras, entretenimiento; procrastinación; mentir; exceso de confianza; aburrimiento; esconder dinero; manejo de la imagen; buscar controlar las situaciones y a otras personas.

1. _____
2. _____
3. _____

ANSIEDAD

(Un creciente ruido de fondo de miedo indefinido; obtener energía de las emociones.) Preocuparse, usar palabras soeces, ser temeroso; ser resentido; reproducir viejos pensamientos negativos; perfeccionismo; juzgar los motivos de los demás; hacer metas y listas que no puedes completar; leer la mente; fantasía, rescate codependiente; problemas de sueño, problemas de concentración, búsqueda/creación de drama; chismes; uso de medicamentos sin receta para el dolor, el sueño o el control del peso; coqueteo.

1. _____
2. _____
3. _____

ACELERACIÓN

(Intentar superar la ansiedad, que suele ser el primer signo de depresión). Súper ocupado y siempre con prisa (encontrando buenas razones para justificar el trabajo); adicto al trabajo; no puedes relajarte; evitas bajar el ritmo; te sientes impulsado; no puedes apagar los pensamientos; te salta las comidas; te das atracones (normalmente por la noche); gastas en exceso; no puedes identificar tus propios sentimientos/necesidades; pensamientos negativos repetitivos; irritable; cambios de humor drásticos; demasiada cafeína; exceso de ejercicio; nerviosismo; dificultad para estar solo y/o con la gente; dificultad para escuchar a los demás; poner excusas por tener que "hacerlo todo"

1. _____
2. _____
3. _____

ENOJARSE

(Subida de adrenalina por la ira y la agresividad.) Procrastinación que causa crisis en el dinero, el trabajo y las relaciones; aumento del sarcasmo; pensamiento en blanco y negro (todo o nada); sentirte solo; nadie entiende; reaccionar de forma exagerada, rabia en la carretera; resentimientos constantes; alejar a los demás; aumento del aislamiento; culpar; discutir; pensamiento irracional; no aceptar las críticas; estar a la defensiva; que la gente te evite; necesitar tener la razón; problemas digestivos; dolores de cabeza; pensamientos obsesivos (atascados); no poder perdonar; sentirte superior; utilizar la intimidación.

1. _____
2. _____
3. _____

Agotamiento _____

(Pérdida de energía física y emocional; salida del subidón de adrenalina y aparición de la depresión). Depresión; pánico; confusión; desesperanza; dormir demasiado o muy poco; no poder hacer frente a la situación; estar abrumado; llorar "sin razón"; no poder pensar; olvido; pesimismo; impotencia; cansancio; entumecimiento; querer huir; antojos constantes de antiguos comportamientos de afrontamiento; pensar en consumir sexo, drogas o alcohol; buscar a las antiguas personas y lugares insanos; aislarse mucho; que la gente se enfade contigo; maltratarte a ti mismo; pensamientos suicidas; llorar espontáneamente; no tener objetivos; modo de supervivencia; no devolver las llamadas telefónicas; faltar al trabajo; irritabilidad; no tener apetito.

1. _____
2. _____
3. _____

Recaída _____

–(Volver al lugar al que juraste no volver a ir. Enfrentándote a la vida en tus términos. Sentándote en el asiento del conductor en lugar de Dios) Rendirte y ceder; estar fuera de control; perderte en tu adicción; mentirte a ti mismo y a los demás; sentir que no puedes arreglártelas sin tus conductas de afrontamiento, al menos por ahora. El resultado es el refuerzo de la vergüenza, la culpa y la condena; y los sentimientos de abandono y de estar solo.

1. _____
2. _____
3. _____

COMPROBACIÓN GRUPAL

COMPLETAR 24 HORAS ANTES DEL GRUPO

1. ¿Cuál es el nivel más bajo que has alcanzado *en la escala* FASTER esta semana?

2. ¿Cuál era el *Doble Desafío* al que te enfrentabas?

3. ¿En qué punto de tu *Compromiso de Cambio* te encuentras con respecto a la última reunión?

4. ¿Has mentido a alguien esta semana, directa o indirectamente?

5. ¿Qué has hecho esta semana para mejorar la relación con tu esposa u otras relaciones significativas?

PILAR SEIS
LECCIÓN DOS

¡CUIDA TU ESPALDA!
PÁG / 229 DEL LIBRO DE TRABAJO

- ☐ Pilar Seis: video de la Lección Dos
- ☐ Tarea para el Libro de trabajo
- ☐ *Lecturas de* Deseo Ser Puro
- ☐ Compromiso de cambio
- ☐ Devocional
- ☐ Escala FASTER
- ☐ Comprobación grupal

+ Lee el capítulo 15 de Deseo Ser Puro. ¿Cuáles fueron tus observaciones?

COMPROMISO DE CAMBIO

1 ¿Qué área necesitas cambiar o a qué reto te enfrentas la próxima semana?

2 ¿Qué coste emocional tendrá el cambio? ¿A qué miedo tendrás que enfrentarte?

3 ¿Qué te costará si no cambias?

4 ¿Cuál es tu plan para mantener tu restauración con respecto a estos cambios?

5 ¿Ante quién tendrás que rendir cuentas cuando asumas este compromiso?

6 ¿Cuáles son los detalles de este compromiso? ¿Qué información compartirás con tu equipo de rendición de cuentas cuando te comuniques con ellos esta semana?

DEVOCIONAL

¹² Trae disciplina a tu corazón

y conocimiento a tus oídos.

¹³ No dejes de disciplinar al joven;

si lo castigas con vara, no se morirá.

¹⁴ Castígalo con vara

y así lo librarás de la muerte.

¹⁵ Hijo mío, si tu corazón es sabio,

también mi corazón se regocijará;

¹⁶ en lo íntimo de mi ser me alegraré

cuando tus labios hablen con rectitud.

¹⁷ No envidies en tu corazón a los pecadores;

más bien, muéstrate siempre celoso en el temor del Señor.

¹⁸ Cuentas con una esperanza futura,

la cual no será destruida.

PROVERBIOS 23:12-18

+ Lee Proverbios 23.

EJERCICIO SWORD

S **Escritura** - ¿Qué versículo o grupo de versículos te llamó la atención en la lectura de Proverbios? Escríbelo a continuación.

W **Esperar** - Dedica unos momentos a esperar en el Espíritu Santo. Deja a un lado los pensamientos y preocupaciones del día. Medita en la Escritura. Lee los versículos anteriores en voz alta, lenta y atentamente. Después, haz una pausa para asimilarlo. Deja que el Espíritu Santo te hable.

O **Observ**ar - ¿Qué has notado en los versículos anteriores? ¿Te ha dicho algo el Espíritu Santo? Escribe tu observación a continuación..

R **Pedir** - Pídele a Dios que te muestre dónde y cómo la Escritura y la observación se aplican a tu vida. Escribe la aplicación abajo.

D **Dedicar** – Al mirar cómo la Escritura se aplica a ti, ¿qué es una cosa que necesitas cambiar? Recuerda que no se trata necesariamente de algo que debas hacer (o dejar de hacer). Tal vez el cambio esté en la forma en que te ves a ti mismo o a los demás.

ESCALA FASTER

Adaptado con permiso de El Proceso *Génesis* por Michael Dye.

- Marca con un círculo los comportamientos con los que te identificas en cada sección.
- Identifica el comportamiento más poderoso de cada sección y escríbelo junto junto al epígrafe correspondiente.
- Responde a las tres preguntas siguientes:
  1. ¿Cómo me afecta? ¿Cómo me siento en ese momento?
  2. ¿Cómo afecta a las personas importantes de mi vida?
  3. ¿Por qué lo hago? ¿Cuál es el beneficio para mí?

Restauración _____

(Aceptar la vida en los términos de Dios, con confianza, gracia, misericordia, vulnerabilidad y gratitud) No tener secretos actuales; trabajar para resolver los problemas; identificar los miedos y los sentimientos; mantener los compromisos con las reuniones, la oración, la familia, la iglesia, las personas, los objetivos y uno mismo; ser abierto y honesto, hacer contacto visual; aumentar las relaciones con Dios y con los demás; la verdadera responsabilidad.

1. _____
2. _____
3. _____

Olvidar prioridades _____

(Empiezas a creer en las circunstancias actuales y te alejas de la confianza en Dios. Negación; huida; un cambio en lo que es importante; cómo gastas tu tiempo, energía y pensamientos) Secretos; menos tiempo/energía para Dios, reuniones, iglesia; evitar a las personas de apoyo y responsabilidad; conversaciones superficiales; sarcasmo; aislamiento; cambios en las metas; obsesión por las relaciones; romper promesas y compromisos; descuidar a la familia; preocupación por las cosas materiales, TV, computadoras, entretenimiento; procrastinación; mentir; exceso de confianza; aburrimiento; esconder dinero; manejo de la imagen; buscar controlar las situaciones y a otras personas.

1. _____
2. _____
3. _____

Ansiedad

(Un creciente ruido de fondo de miedo indefinido; obtener energía de las emociones.) Preocuparse, usar palabras soeces, ser temeroso; ser resentido; reproducir viejos pensamientos negativos; perfeccionismo; juzgar los motivos de los demás; hacer metas y listas que no puedes completar; leer la mente; fantasía, rescate codependiente; problemas de sueño, problemas de concentración, búsqueda/creación de drama; chismes; uso de medicamentos sin receta para el dolor, el sueño o el control del peso; coqueteo.

1. _____
2. _____
3. _____

Aceleración

(Intentar superar la ansiedad, que suele ser el primer signo de depresión). Súper ocupado y siempre con prisa (encontrando buenas razones para justificar el trabajo); adicto al trabajo; no puedes relajarte; evitas bajar el ritmo; te sientes impulsado; no puedes apagar los pensamientos; te salta las comidas; te das atracones (normalmente por la noche); gastas en exceso; no puedes identificar tus propios sentimientos/necesidades; pensamientos negativos repetitivos; irritable; cambios de humor drásticos; demasiada cafeína; exceso de ejercicio; nerviosismo; dificultad para estar solo y/o con la gente; dificultad para escuchar a los demás; poner excusas por tener que "hacerlo todo"

1. _____
2. _____
3. _____

Enojarse

(Subida de adrenalina por la ira y la agresividad.) Procrastinación que causa crisis en el dinero, el trabajo y las relaciones; aumento del sarcasmo; pensamiento en blanco y negro (todo o nada); sentirte solo; nadie entiende; reaccionar de forma exagerada, rabia en la carretera; resentimientos constantes; alejar a los demás; aumento del aislamiento; culpar; discutir; pensamiento irracional; no aceptar las críticas; estar a la defensiva; que la gente te evite; necesitar tener la razón; problemas digestivos; dolores de cabeza; pensamientos obsesivos (atascados); no poder perdonar; sentirte superior; utilizar la intimidación.

1. _____
2. _____
3. _____

AGOTAMIENTO _____

(Pérdida de energía física y emocional; salida del subidón de adrenalina y aparición de la depresión). Depresión; pánico; confusión; desesperanza; dormir demasiado o muy poco; no poder hacer frente a la situación; estar abrumado; llorar "sin razón"; no poder pensar; olvido; pesimismo; impotencia; cansancio; entumecimiento; querer huir; antojos constantes de antiguos comportamientos de afrontamiento; pensar en consumir sexo, drogas o alcohol; buscar a las antiguas personas y lugares insanos; aislarse mucho; que la gente se enfade contigo; maltratarte a ti mismo; pensamientos suicidas; llorar espontáneamente; no tener objetivos; modo de supervivencia; no devolver las llamadas telefónicas; faltar al trabajo; irritabilidad; no tener apetito.

1. _____
2. _____
3. _____

RECAÍDA _____

–(Volver al lugar al que juraste no volver a ir. Enfrentándote a la vida en tus términos. Sentándote en el asiento del conductor en lugar de Dios) Rendirte y ceder; estar fuera de control; perderte en tu adicción; mentirte a ti mismo y a los demás; sentir que no puedes arreglártelas sin tus conductas de afrontamiento, al menos por ahora. El resultado es el refuerzo de la vergüenza, la culpa y la condena; y los sentimientos de abandono y de estar solo.

1. _____
2. _____
3. _____

COMPROBACIÓN GRUPAL

COMPLETAR 24 HORAS ANTES DEL GRUPO

1. ¿Cuál es el nivel más bajo que has alcanzado *en la escala* FASTER esta semana?

2. ¿Cuál era el *Doble Desafío* al que te enfrentabas?

3. ¿En qué punto de tu *Compromiso de Cambio* te encuentras con respecto a la última reunión?

4. ¿Has mentido a alguien esta semana, directa o indirectamente?

5. ¿Qué has hecho esta semana para mejorar la relación con tu esposa u otras relaciones significativas?

PILAR SEIS
LECCIÓN TRES

APRENDER A ENTRAR EN LA LUCHA
PÁG / 241 DEL LIBRO DE TRABAJO

- ☐ Pilar Seis: video de la Lección Tres
- ☐ Tarea para el Libro de trabajo
- ☐ Compromiso de cambio
- ☐ Devocional
- ☐ Escala FASTER
- ☐ Comprobación grupal

COMPROMISO DE CAMBIO

1 ¿Qué área necesitas cambiar o a qué reto te enfrentas la próxima semana?

2 ¿Qué coste emocional tendrá el cambio? ¿A qué miedo tendrás que enfrentarte?

3 ¿Qué te costará si no cambias?

4 ¿Cuál es tu plan para mantener tu restauración con respecto a estos cambios?

5 ¿Ante quién tendrás que rendir cuentas cuando asumas este compromiso?

6 ¿Cuáles son los detalles de este compromiso? ¿Qué información compartirás con tu equipo de rendición de cuentas cuando te comuniques con ellos esta semana?

DEVOCIONAL

⁵ En los planes del justo hay justicia,

   pero en los consejos del malvado hay engaño.

⁶ Las palabras del malvado son insidias de muerte,

   pero la boca de los justos los pone a salvo.

⁷ Los malvados se derrumban y dejan de existir,

   pero las familias de los justos permanecen.

⁸ Al hombre se le alaba según su sabiduría,

   pero al de malos pensamientos se le desprecia.

⁹ Vale más un despreciado con criado

   que un vanaglorioso sin pan.

¹⁰ El justo atiende a las necesidades de su bestia,

   pero el malvado es cruel.

¹¹ El que trabaja su tierra tendrá abundante comida,

   pero el que sueña despierto es falto de juicio.

¹² El codicioso anhela el botín de los perversos;

   pero la raíz de los justos da fruto.

PROVERBIOS 12:5-12

 Lee Proverbios 12.

EJERCICIO SWORD

S Escritura - ¿Qué versículo o grupo de versículos te llamó la atención en la lectura de Proverbios? Escríbelo a continuación.

W Esperar - Dedica unos momentos a esperar en el Espíritu Santo. Deja a un lado los pensamientos y preocupaciones del día. Medita en la Escritura. Lee los versículos anteriores en voz alta, lenta y atentamente. Después, haz una pausa para asimilarlo. Deja que el Espíritu Santo te hable.

O Observar - ¿Qué has notado en los versículos anteriores? ¿Te ha dicho algo el Espíritu Santo? Escribe tu observación a continuación..

R Pedir - Pídele a Dios que te muestre dónde y cómo la Escritura y la observación se aplican a tu vida. Escribe la aplicación abajo.

D Dedicar – Al mirar cómo la Escritura se aplica a ti, ¿qué es una cosa que necesitas cambiar? Recuerda que no se trata necesariamente de algo que debas hacer (o dejar de hacer). Tal vez el cambio esté en la forma en que te ves a ti mismo o a los demás.

ESCALA FASTER

Adaptado con permiso de El Proceso *Génesis* por Michael Dye.

- Marca con un círculo los comportamientos con los que te identificas en cada sección.
- Identifica el comportamiento más poderoso de cada sección y escríbelo junto junto al epígrafe correspondiente.
- Responde a las tres preguntas siguientes:
  1. ¿Cómo me afecta? ¿Cómo me siento en ese momento?
  2. ¿Cómo afecta a las personas importantes de mi vida?
  3. ¿Por qué lo hago? ¿Cuál es el beneficio para mí?

Restauración _____

(Aceptar la vida en los términos de Dios, con confianza, gracia, misericordia, vulnerabilidad y gratitud) No tener secretos actuales; trabajar para resolver los problemas; identificar los miedos y los sentimientos; mantener los compromisos con las reuniones, la oración, la familia, la iglesia, las personas, los objetivos y uno mismo; ser abierto y honesto, hacer contacto visual; aumentar las relaciones con Dios y con los demás; la verdadera responsabilidad.

1. _____
2. _____
3. _____

Olvidar prioridades _____

(Empiezas a creer en las circunstancias actuales y te alejas de la confianza en Dios. Negación; huida; un cambio en lo que es importante; cómo gastas tu tiempo, energía y pensamientos) Secretos; menos tiempo/energía para Dios, reuniones, iglesia; evitar a las personas de apoyo y responsabilidad; conversaciones superficiales; sarcasmo; aislamiento; cambios en las metas; obsesión por las relaciones; romper promesas y compromisos; descuidar a la familia; preocupación por las cosas materiales, TV, computadoras, entretenimiento; procrastinación; mentir; exceso de confianza; aburrimiento; esconder dinero; manejo de la imagen; buscar controlar las situaciones y a otras personas.

1. _____
2. _____
3. _____

Pilar Seis | Lección Tres | 203

Ansiedad

(Un creciente ruido de fondo de miedo indefinido; obtener energía de las emociones.) Preocuparse, usar palabras soeces, ser temeroso; ser resentido; reproducir viejos pensamientos negativos; perfeccionismo; juzgar los motivos de los demás; hacer metas y listas que no puedes completar; leer la mente; fantasía, rescate codependiente; problemas de sueño, problemas de concentración, búsqueda/creación de drama; chismes; uso de medicamentos sin receta para el dolor, el sueño o el control del peso; coqueteo.

1. _____
2. _____
3. _____

Aceleración

(Intentar superar la ansiedad, que suele ser el primer signo de depresión). Súper ocupado y siempre con prisa (encontrando buenas razones para justificar el trabajo); adicto al trabajo; no puedes relajarte; evitas bajar el ritmo; te sientes impulsado; no puedes apagar los pensamientos; te salta las comidas; te das atracones (normalmente por la noche); gastas en exceso; no puedes identificar tus propios sentimientos/necesidades; pensamientos negativos repetitivos; irritable; cambios de humor drásticos; demasiada cafeína; exceso de ejercicio; nerviosismo; dificultad para estar solo y/o con la gente; dificultad para escuchar a los demás; poner excusas por tener que "hacerlo todo"

1. _____
2. _____
3. _____

Enojarse

(Subida de adrenalina por la ira y la agresividad.) Procrastinación que causa crisis en el dinero, el trabajo y las relaciones; aumento del sarcasmo; pensamiento en blanco y negro (todo o nada); sentirte solo; nadie entiende; reaccionar de forma exagerada, rabia en la carretera; resentimientos constantes; alejar a los demás; aumento del aislamiento; culpar; discutir; pensamiento irracional; no aceptar las críticas; estar a la defensiva; que la gente te evite; necesitar tener la razón; problemas digestivos; dolores de cabeza; pensamientos obsesivos (atascados); no poder perdonar; sentirte superior; utilizar la intimidación.

1. _____
2. _____
3. _____

AGOTAMIENTO _____

(Pérdida de energía física y emocional; salida del subidón de adrenalina y aparición de la depresión). Depresión; pánico; confusión; desesperanza; dormir demasiado o muy poco; no poder hacer frente a la situación; estar abrumado; llorar "sin razón"; no poder pensar; olvido; pesimismo; impotencia; cansancio; entumecimiento; querer huir; antojos constantes de antiguos comportamientos de afrontamiento; pensar en consumir sexo, drogas o alcohol; buscar a las antiguas personas y lugares insanos; aislarse mucho; que la gente se enfade contigo; maltratarte a ti mismo; pensamientos suicidas; llorar espontáneamente; no tener objetivos; modo de supervivencia; no devolver las llamadas telefónicas; faltar al trabajo; irritabilidad; no tener apetito.

1. _____
2. _____
3. _____

RECAÍDA _____

–(Volver al lugar al que juraste no volver a ir. Enfrentándote a la vida en tus términos. Sentándote en el asiento del conductor en lugar de Dios) Rendirte y ceder; estar fuera de control; perderte en tu adicción; mentirte a ti mismo y a los demás; sentir que no puedes arreglártelas sin tus conductas de afrontamiento, al menos por ahora. El resultado es el refuerzo de la vergüenza, la culpa y la condena; y los sentimientos de abandono y de estar solo.

1. _____
2. _____
3. _____

COMPROBACIÓN GRUPAL

COMPLETAR 24 HORAS ANTES DEL GRUPO

1 ¿Cuál es el nivel más bajo que has alcanzado *en la escala* FASTER esta semana?

2 ¿Cuál era el *Doble Desafío* al que te enfrentabas?

3 ¿En qué punto de tu *Compromiso de Cambio* te encuentras con respecto a la última reunión?

4 ¿Has mentido a alguien esta semana, directa o indirectamente?

5 ¿Qué has hecho esta semana para mejorar la relación con tu esposa u otras relaciones significativas?

PILAR SEIS
LECCIÓN CUATRO

HERRAMIENTAS DE PODER
PÁG / 258 DEL LIBRO DE TRABAJO

- ☐ Pilar Seis: video de la Lección Cuatro
- ☐ Tarea para el Libro de trabajo
- ☐ Compromiso de cambio
- ☐ Devocional
- ☐ Escala FASTER
- ☐ Comprobación grupal

COMPROMISO DE CAMBIO

1 ¿Qué área necesitas cambiar o a qué reto te enfrentas la próxima semana?

2 ¿Qué coste emocional tendrá el cambio? ¿A qué miedo tendrás que enfrentarte?

3 ¿Qué te costará si no cambias?

4 ¿Cuál es tu plan para mantener tu restauración con respecto a estos cambios?

5 ¿Ante quién tendrás que rendir cuentas cuando asumas este compromiso?

6 ¿Cuáles son los detalles de este compromiso? ¿Qué información compartirás con tu equipo de rendición de cuentas cuando te comuniques con ellos esta semana?

DEVOCIONAL

> *⁴ Quita la escoria de la plata*
>   *y de allí saldrá material para el orfebre;*
> *⁵ quita de la presencia del rey a oficiales malvados*
>   *y el rey afirmará su trono en la justicia.*
> *⁶ No te des importancia en presencia del rey*
>   *ni reclames un lugar entre la gente importante;*
> *⁷ vale más que el rey te diga: «Sube acá»*
>   *y no que te humille ante gente importante.*
> *Lo que has visto con tus ojos*
> *⁸   no lo lleves de inmediato al tribunal,*
> *pues ¿qué harás si a fin de cuentas*
>   *tu prójimo te pone en vergüenza?*
> *⁹ Defiende tu causa contra tu prójimo,*
>   *pero no traiciones la confianza de nadie,*
> *¹⁰ no sea que te avergüence el que te oiga*
>   *y ya no puedas quitarte la infamia.*
> *¹¹ Como manzanas de oro con incrustaciones de plata*
>   *son las palabras dichas a tiempo.*
> *¹² Como anillo o collar de oro fino*
>   *son los regaños del sabio en oídos atentos.*
>
> PROVERBIOS 25:4-12

 Lee Proverbios 25.

EJERCICIO SWORD

 S Escritura - ¿Qué versículo o grupo de versículos te llamó la atención en la lectura de Proverbios? Escríbelo a continuación.

 **W Esperar** - Dedica unos momentos a esperar en el Espíritu Santo. Deja a un lado los pensamientos y preocupaciones del día. Medita en la Escritura. Lee los versículos anteriores en voz alta, lenta y atentamente. Después, haz una pausa para asimilarlo. Deja que el Espíritu Santo te hable.

 O Observar - ¿Qué has notado en los versículos anteriores? ¿Te ha dicho algo el Espíritu Santo? Escribe tu observación a continuación..

 R Pedir - Pídele a Dios que te muestre dónde y cómo la Escritura y la observación se aplican a tu vida. Escribe la aplicación abajo.

 **D Dedicar** – Al mirar cómo la Escritura se aplica a ti, ¿qué es una cosa que necesitas cambiar? Recuerda que no se trata necesariamente de algo que debas hacer (o dejar de hacer). Tal vez el cambio esté en la forma en que te ves a ti mismo o a los demás.

ESCALA FASTER

Adaptado con permiso de El *Proceso Génesis* por Michael Dye.

- Marca con un círculo los comportamientos con los que te identificas en cada sección.
- Identifica el comportamiento más poderoso de cada sección y escríbelo junto junto al epígrafe correspondiente.
- Responde a las tres preguntas siguientes:
  1. ¿Cómo me afecta? ¿Cómo me siento en ese momento?
  2. ¿Cómo afecta a las personas importantes de mi vida?
  3. ¿Por qué lo hago? ¿Cuál es el beneficio para mí?

Restauración _____

(Aceptar la vida en los términos de Dios, con confianza, gracia, misericordia, vulnerabilidad y gratitud) No tener secretos actuales; trabajar para resolver los problemas; identificar los miedos y los sentimientos; mantener los compromisos con las reuniones, la oración, la familia, la iglesia, las personas, los objetivos y uno mismo; ser abierto y honesto, hacer contacto visual; aumentar las relaciones con Dios y con los demás; la verdadera responsabilidad.

1. _____
2. _____
3. _____

Olvidar prioridades _____

(Empiezas a creer en las circunstancias actuales y te alejas de la confianza en Dios. Negación; huida; un cambio en lo que es importante; cómo gastas tu tiempo, energía y pensamientos) Secretos; menos tiempo/energía para Dios, reuniones, iglesia; evitar a las personas de apoyo y responsabilidad; conversaciones superficiales; sarcasmo; aislamiento; cambios en las metas; obsesión por las relaciones; romper promesas y compromisos; descuidar a la familia; preocupación por las cosas materiales, TV, computadoras, entretenimiento; procrastinación; mentir; exceso de confianza; aburrimiento; esconder dinero; manejo de la imagen; buscar controlar las situaciones y a otras personas.

1. _____
2. _____
3. _____

ANSIEDAD

(Un creciente ruido de fondo de miedo indefinido; obtener energía de las emociones.) Preocuparse, usar palabras soeces, ser temeroso; ser resentido; reproducir viejos pensamientos negativos; perfeccionismo; juzgar los motivos de los demás; hacer metas y listas que no puedes completar; leer la mente; fantasía, rescate codependiente; problemas de sueño, problemas de concentración, búsqueda/creación de drama; chismes; uso de medicamentos sin receta para el dolor, el sueño o el control del peso; coqueteo.

1. _____
2. _____
3. _____

ACELERACIÓN

(Intentar superar la ansiedad, que suele ser el primer signo de depresión). Súper ocupado y siempre con prisa (encontrando buenas razones para justificar el trabajo); adicto al trabajo; no puedes relajarte; evitas bajar el ritmo; te sientes impulsado; no puedes apagar los pensamientos; te salta las comidas; te das atracones (normalmente por la noche); gastas en exceso; no puedes identificar tus propios sentimientos/necesidades; pensamientos negativos repetitivos; irritable; cambios de humor drásticos; demasiada cafeína; exceso de ejercicio; nerviosismo; dificultad para estar solo y/o con la gente; dificultad para escuchar a los demás; poner excusas por tener que "hacerlo todo"

1. _____
2. _____
3. _____

ENOJARSE

(Subida de adrenalina por la ira y la agresividad.) Procrastinación que causa crisis en el dinero, el trabajo y las relaciones; aumento del sarcasmo; pensamiento en blanco y negro (todo o nada); sentirte solo; nadie entiende; reaccionar de forma exagerada, rabia en la carretera; resentimientos constantes; alejar a los demás; aumento del aislamiento; culpar; discutir; pensamiento irracional; no aceptar las críticas; estar a la defensiva; que la gente te evite; necesitar tener la razón; problemas digestivos; dolores de cabeza; pensamientos obsesivos (atascados); no poder perdonar; sentirte superior; utilizar la intimidación.

1. _____
2. _____
3. _____

Agotamiento _____

(Pérdida de energía física y emocional; salida del subidón de adrenalina y aparición de la depresión). Depresión; pánico; confusión; desesperanza; dormir demasiado o muy poco; no poder hacer frente a la situación; estar abrumado; llorar "sin razón"; no poder pensar; olvido; pesimismo; impotencia; cansancio; entumecimiento; querer huir; antojos constantes de antiguos comportamientos de afrontamiento; pensar en consumir sexo, drogas o alcohol; buscar a las antiguas personas y lugares insanos; aislarse mucho; que la gente se enfade contigo; maltratarte a ti mismo; pensamientos suicidas; llorar espontáneamente; no tener objetivos; modo de supervivencia; no devolver las llamadas telefónicas; faltar al trabajo; irritabilidad; no tener apetito.

1. _____
2. _____
3. _____

Recaída _____

–*(Volver al lugar al que juraste no volver a ir. Enfrentándote a la vida en tus términos. Sentándote en el asiento del conductor en lugar de Dios)* Rendirte y ceder; estar fuera de control; perderte en tu adicción; mentirte a ti mismo y a los demás; sentir que no puedes arreglártelas sin tus conductas de afrontamiento, al menos por ahora. El resultado es el refuerzo de la vergüenza, la culpa y la condena; y los sentimientos de abandono y de estar solo.

1. _____
2. _____
3. _____

COMPROBACIÓN GRUPAL

COMPLETAR 24 HORAS ANTES DEL GRUPO

1 ¿Cuál es el nivel más bajo que has alcanzado *en la escala* FASTER esta semana?

2 ¿Cuál era el *Doble Desafío* al que te enfrentabas?

3 ¿En qué punto de tu *Compromiso de Cambio* te encuentras con respecto a la última reunión?

4 ¿Has mentido a alguien esta semana, directa o indirectamente?

5 ¿Qué has hecho esta semana para mejorar la relación con tu esposa u otras relaciones significativas?

PILAR SIETE
LECCIÓN UNO

REVELACIÓN
PÁG / 278 DEL LIBRO DE TRABAJO

- ☐ Video de introducción al Pilar Siete
- ☐ Pilar Siete: video de la Lección Uno
- ☐ Tarea para el Libro de trabajo
- ☐ *Lecturas de* Deseo Ser Puro
- ☐ Compromiso de cambio
- ☐ Devocional
- ☐ Escala FASTER
- ☐ Comprobación grupal

+ Lee el capítulo 16 de Deseo Ser Puro. ¿Cuáles fueron tus observaciones?

COMPROMISO DE CAMBIO

1 ¿Qué área necesitas cambiar o a qué reto te enfrentas la próxima semana?

2 ¿Qué coste emocional tendrá el cambio? ¿A qué miedo tendrás que enfrentarte?

3 ¿Qué te costará si no cambias?

4 ¿Cuál es tu plan para mantener tu restauración con respecto a estos cambios?

5 ¿Ante quién tendrás que rendir cuentas cuando asumas este compromiso?

6 ¿Cuáles son los detalles de este compromiso? ¿Qué información compartirás con tu equipo de rendición de cuentas cuando te comuniques con ellos esta semana?

DEVOCIONAL

⁵ »Toda palabra de Dios es purificada;

Dios es escudo a los que en él buscan refugio.

⁶ No añadas nada a sus palabras,

no sea que te reprenda y te exponga como a un mentiroso.

⁷ »Solo dos cosas te pido, Dios;

no me las niegues antes de que muera:

⁸ Aleja de mí la falsedad y la mentira;

no me des pobreza ni riquezas,

sino solo el pan de cada día.

⁹ Porque teniendo mucho, podría desconocerte

y decir: "¿Y quién es el Señor?".

Y teniendo poco, podría llegar a robar

y deshonrar así el nombre de mi Dios.

PROVERBIOS 30:5-9

 Lee Proverbios 30.

EJERCICIO SWORD

S Escritura - ¿Qué versículo o grupo de versículos te llamó la atención en la lectura de Proverbios? Escríbelo a continuación.

W Esperar - Dedica unos momentos a esperar en el Espíritu Santo. Deja a un lado los pensamientos y preocupaciones del día. Medita en la Escritura. Lee los versículos anteriores en voz alta, lenta y atentamente. Después, haz una pausa para asimilarlo. Deja que el Espíritu Santo te hable.

O Observar - ¿Qué has notado en los versículos anteriores? ¿Te ha dicho algo el Espíritu Santo? Escribe tu observación a continuación..

R Pedir - Pídele a Dios que te muestre dónde y cómo la Escritura y la observación se aplican a tu vida. Escribe la aplicación abajo.

D Dedicar – Al mirar cómo la Escritura se aplica a ti, ¿qué es una cosa que necesitas cambiar? Recuerda que no se trata necesariamente de algo que debas hacer (o dejar de hacer). Tal vez el cambio esté en la forma en que te ves a ti mismo o a los demás.

ESCALA FASTER

Adaptado con permiso de El *Proceso Génesis por* Michael Dye.

- Marca con un círculo los comportamientos con los que te identificas en cada sección.
- Identifica el comportamiento más poderoso de cada sección y escríbelo junto junto al epígrafe correspondiente.
- Responde a las tres preguntas siguientes:
  1. ¿Cómo me afecta? ¿Cómo me siento en ese momento?
  2. ¿Cómo afecta a las personas importantes de mi vida?
  3. ¿Por qué lo hago? ¿Cuál es el beneficio para mí?

RESTAURACIÓN _____

(Aceptar la vida en los términos de Dios, con confianza, gracia, misericordia, vulnerabilidad y gratitud) No tener secretos actuales; trabajar para resolver los problemas; identificar los miedos y los sentimientos; mantener los compromisos con las reuniones, la oración, la familia, la iglesia, las personas, los objetivos y uno mismo; ser abierto y honesto, hacer contacto visual; aumentar las relaciones con Dios y con los demás; la verdadera responsabilidad.

1. _____
2. _____
3. _____

OLVIDAR PRIORIDADES _____

(Empiezas a creer en las circunstancias actuales y te alejas de la confianza en Dios. Negación; huida; un cambio en lo que es importante; cómo gastas tu tiempo, energía y pensamientos) Secretos; menos tiempo/energía para Dios, reuniones, iglesia; evitar a las personas de apoyo y responsabilidad; conversaciones superficiales; sarcasmo; aislamiento; cambios en las metas; obsesión por las relaciones; romper promesas y compromisos; descuidar a la familia; preocupación por las cosas materiales, TV, computadoras, entretenimiento; procrastinación; mentir; exceso de confianza; aburrimiento; esconder dinero; manejo de la imagen; buscar controlar las situaciones y a otras personas.

1. _____
2. _____
3. _____

Pilar Siete | Lección Uno | 219

Ansiedad

(Un creciente ruido de fondo de miedo indefinido; obtener energía de las emociones.) Preocuparse, usar palabras soeces, ser temeroso; ser resentido; reproducir viejos pensamientos negativos; perfeccionismo; juzgar los motivos de los demás; hacer metas y listas que no puedes completar; leer la mente; fantasía, rescate codependiente; problemas de sueño, problemas de concentración, búsqueda/creación de drama; chismes; uso de medicamentos sin receta para el dolor, el sueño o el control del peso; coqueteo.

1. _____
2. _____
3. _____

Aceleración

(Intentar superar la ansiedad, que suele ser el primer signo de depresión). Súper ocupado y siempre con prisa (encontrando buenas razones para justificar el trabajo); adicto al trabajo; no puedes relajarte; evitas bajar el ritmo; te sientes impulsado; no puedes apagar los pensamientos; te salta las comidas; te das atracones (normalmente por la noche); gastas en exceso; no puedes identificar tus propios sentimientos/necesidades; pensamientos negativos repetitivos; irritable; cambios de humor drásticos; demasiada cafeína; exceso de ejercicio; nerviosismo; dificultad para estar solo y/o con la gente; dificultad para escuchar a los demás; poner excusas por tener que "hacerlo todo"

1. _____
2. _____
3. _____

Enojarse

(Subida de adrenalina por la ira y la agresividad.) Procrastinación que causa crisis en el dinero, el trabajo y las relaciones; aumento del sarcasmo; pensamiento en blanco y negro (todo o nada); sentirte solo; nadie entiende; reaccionar de forma exagerada, rabia en la carretera; resentimientos constantes; alejar a los demás; aumento del aislamiento; culpar; discutir; pensamiento irracional; no aceptar las críticas; estar a la defensiva; que la gente te evite; necesitar tener la razón; problemas digestivos; dolores de cabeza; pensamientos obsesivos (atascados); no poder perdonar; sentirte superior; utilizar la intimidación.

1. _____
_____

2. _____
_____

3. _____
_____

Agotamiento _____

(Pérdida de energía física y emocional; salida del subidón de adrenalina y aparición de la depresión). Depresión; pánico; confusión; desesperanza; dormir demasiado o muy poco; no poder hacer frente a la situación; estar abrumado; llorar "sin razón"; no poder pensar; olvido; pesimismo; impotencia; cansancio; entumecimiento; querer huir; antojos constantes de antiguos comportamientos de afrontamiento; pensar en consumir sexo, drogas o alcohol; buscar a las antiguas personas y lugares insanos; aislarse mucho; que la gente se enfade contigo; maltratarte a ti mismo; pensamientos suicidas; llorar espontáneamente; no tener objetivos; modo de supervivencia; no devolver las llamadas telefónicas; faltar al trabajo; irritabilidad; no tener apetito.

1. _____
_____

2. _____
_____

3. _____
_____

Recaída _____

–*(Volver al lugar al que juraste no volver a ir. Enfrentándote a la vida en tus términos. Sentándote en el asiento del conductor en lugar de Dios)* Rendirte y ceder; estar fuera de control; perderte en tu adicción; mentirte a ti mismo y a los demás; sentir que no puedes arreglártelas sin tus conductas de afrontamiento, al menos por ahora. El resultado es el refuerzo de la vergüenza, la culpa y la condena; y los sentimientos de abandono y de estar solo.

1. _____
_____

2. _____
_____

3. _____
_____

COMPROBACIÓN GRUPAL

COMPLETAR 24 HORAS ANTES DEL GRUPO

1. ¿Cuál es el nivel más bajo que has alcanzado *en la escala* FASTER esta semana?

2. ¿Cuál era el *Doble Desafío* al que te enfrentabas?

3. ¿En qué punto de tu *Compromiso de Cambio* te encuentras con respecto a la última reunión?

4. ¿Has mentido a alguien esta semana, directa o indirectamente?

5. ¿Qué has hecho esta semana para mejorar la relación con tu esposa u otras relaciones significativas?

PILAR SIETE
LECCIÓN DOS

CÓMO AYUDAR A TU ESPOSA (PRIMERA PARTE)
PÁG / 287 DEL LIBRO DE TRABAJO

- ☐ Pilar Siete: video de la Lección Dos
- ☐ Tarea para el Libro de trabajo
- ☐ Compromiso de cambio
- ☐ Devocional
- ☐ Escala FASTER
- ☐ Comprobación grupal

COMPROMISO DE CAMBIO

1 ¿Qué área necesitas cambiar o a qué reto te enfrentas la próxima semana?

2 ¿Qué coste emocional tendrá el cambio? ¿A qué miedo tendrás que enfrentarte?

3 ¿Qué te costará si no cambias?

4 ¿Cuál es tu plan para mantener tu restauración con respecto a estos cambios?

5 ¿Ante quién tendrás que rendir cuentas cuando asumas este compromiso?

6 ¿Cuáles son los detalles de este compromiso? ¿Qué información compartirás con tu equipo de rendición de cuentas cuando te comuniques con ellos esta semana?

DEVOCIONAL

²³ Su esposo es respetado en las puertas de la ciudad;

ocupa un puesto entre las autoridades del lugar.

²⁴ Confecciona ropa de lino y la vende;

provee cinturones a los comerciantes.

²⁵ Se reviste de fuerza y dignidad

y afronta segura el porvenir.

²⁶ Cuando habla, lo hace con sabiduría;

cuando instruye, lo hace con amor.

²⁷ Está atenta a la marcha de su hogar

y el pan que come no es fruto del ocio.

²⁸ Sus hijos se levantan y la felicitan;

también su esposo la alaba:

²⁹ «Muchas mujeres han realizado proezas,

pero tú las superas a todas».

³⁰ Engañoso es el encanto y pasajera la belleza;

la mujer que teme al Señor es digna de alabanza.

³¹ ¡Sean reconocidos sus logros

y en las puertas de la ciudad sean alabadas sus obras!

PROVERBIOS 31:23-31

＋ Lee Proverbios 31.

EJERCICIO SWORD

S **Escritura** - ¿Qué versículo o grupo de versículos te llamó la atención en la lectura de Proverbios? Escríbelo a continuación.

W **Esperar** - Dedica unos momentos a esperar en el Espíritu Santo. Deja a un lado los pensamientos y preocupaciones del día. Medita en la Escritura. Lee los versículos anteriores en voz alta, lenta y atentamente. Después, haz una pausa para asimilarlo. Deja que el Espíritu Santo te hable.

O **Observar** - ¿Qué has notado en los versículos anteriores? ¿Te ha dicho algo el Espíritu Santo? Escribe tu observación a continuación..

R **Pedir** - Pídele a Dios que te muestre dónde y cómo la Escritura y la observación se aplican a tu vida. Escribe la aplicación abajo.

D **Dedicar** – Al mirar cómo la Escritura se aplica a ti, ¿qué es una cosa que necesitas cambiar? Recuerda que no se trata necesariamente de algo que debas hacer (o dejar de hacer). Tal vez el cambio esté en la forma en que te ves a ti mismo o a los demás.

ESCALA FASTER

Adaptado con permiso de El *Proceso Génesis por* Michael Dye.

- Marca con un círculo los comportamientos con los que te identificas en cada sección.
- Identifica el comportamiento más poderoso de cada sección y escríbelo junto junto al epígrafe correspondiente.
- Responde a las tres preguntas siguientes:
  1. ¿Cómo me afecta? ¿Cómo me siento en ese momento?
  2. ¿Cómo afecta a las personas importantes de mi vida?
  3. ¿Por qué lo hago? ¿Cuál es el beneficio para mí?

RESTAURACIÓN _____

(Aceptar la vida en los términos de Dios, con confianza, gracia, misericordia, vulnerabilidad y gratitud) No tener secretos actuales; trabajar para resolver los problemas; identificar los miedos y los sentimientos; mantener los compromisos con las reuniones, la oración, la familia, la iglesia, las personas, los objetivos y uno mismo; ser abierto y honesto, hacer contacto visual; aumentar las relaciones con Dios y con los demás; la verdadera responsabilidad.

1. _____
2. _____
3. _____

OLVIDAR PRIORIDADES _____

(Empiezas a creer en las circunstancias actuales y te alejas de la confianza en Dios. Negación; huida; un cambio en lo que es importante; cómo gastas tu tiempo, energía y pensamientos) Secretos; menos tiempo/energía para Dios, reuniones, iglesia; evitar a las personas de apoyo y responsabilidad; conversaciones superficiales; sarcasmo; aislamiento; cambios en las metas; obsesión por las relaciones; romper promesas y compromisos; descuidar a la familia; preocupación por las cosas materiales, TV, computadoras, entretenimiento; procrastinación; mentir; exceso de confianza; aburrimiento; esconder dinero; manejo de la imagen; buscar controlar las situaciones y a otras personas.

1. _____
2. _____
3. _____

Pilar Siete Lección Dos | 227

Ansiedad

(Un creciente ruido de fondo de miedo indefinido; obtener energía de las emociones.) Preocuparse, usar palabras soeces, ser temeroso; ser resentido; reproducir viejos pensamientos negativos; perfeccionismo; juzgar los motivos de los demás; hacer metas y listas que no puedes completar; leer la mente; fantasía, rescate codependiente; problemas de sueño, problemas de concentración, búsqueda/creación de drama; chismes; uso de medicamentos sin receta para el dolor, el sueño o el control del peso; coqueteo.

1. _____
2. _____
3. _____

Aceleración

(Intentar superar la ansiedad, que suele ser el primer signo de depresión). Súper ocupado y siempre con prisa (encontrando buenas razones para justificar el trabajo); adicto al trabajo; no puedes relajarte; evitas bajar el ritmo; te sientes impulsado; no puedes apagar los pensamientos; te salta las comidas; te das atracones (normalmente por la noche); gastas en exceso; no puedes identificar tus propios sentimientos/necesidades; pensamientos negativos repetitivos; irritable; cambios de humor drásticos; demasiada cafeína; exceso de ejercicio; nerviosismo; dificultad para estar solo y/o con la gente; dificultad para escuchar a los demás; poner excusas por tener que "hacerlo todo"

1. _____
2. _____
3. _____

Enojarse

(Subida de adrenalina por la ira y la agresividad.) Procrastinación que causa crisis en el dinero, el trabajo y las relaciones; aumento del sarcasmo; pensamiento en blanco y negro (todo o nada); sentirte solo; nadie entiende; reaccionar de forma exagerada, rabia en la carretera; resentimientos constantes; alejar a los demás; aumento del aislamiento; culpar; discutir; pensamiento irracional; no aceptar las críticas; estar a la defensiva; que la gente te evite; necesitar tener la razón; problemas digestivos; dolores de cabeza; pensamientos obsesivos (atascados); no poder perdonar; sentirte superior; utilizar la intimidación.

1. _____
2. _____
3. _____

AGOTAMIENTO _____

(Pérdida de energía física y emocional; salida del subidón de adrenalina y aparición de la depresión). Depresión; pánico; confusión; desesperanza; dormir demasiado o muy poco; no poder hacer frente a la situación; estar abrumado; llorar "sin razón"; no poder pensar; olvido; pesimismo; impotencia; cansancio; entumecimiento; querer huir; antojos constantes de antiguos comportamientos de afrontamiento; pensar en consumir sexo, drogas o alcohol; buscar a las antiguas personas y lugares insanos; aislarse mucho; que la gente se enfade contigo; maltratarte a ti mismo; pensamientos suicidas; llorar espontáneamente; no tener objetivos; modo de supervivencia; no devolver las llamadas telefónicas; faltar al trabajo; irritabilidad; no tener apetito.

1. _____
2. _____
3. _____

RECAÍDA _____

–*(Volver al lugar al que juraste no volver a ir. Enfrentándote a la vida en tus términos. Sentándote en el asiento del conductor en lugar de Dios)* Rendirte y ceder; estar fuera de control; perderte en tu adicción; mentirte a ti mismo y a los demás; sentir que no puedes arreglártelas sin tus conductas de afrontamiento, al menos por ahora. El resultado es el refuerzo de la vergüenza, la culpa y la condena; y los sentimientos de abandono y de estar solo.

1. _____
2. _____
3. _____

COMPROBACIÓN GRUPAL

COMPLETAR 24 HORAS ANTES DEL GRUPO

1 ¿Cuál es el nivel más bajo que has alcanzado *en la escala* FASTER esta semana?

2 ¿Cuál era el *Doble Desafío* al que te enfrentabas?

3 ¿En qué punto de tu *Compromiso de Cambio* te encuentras con respecto a la última reunión?

4 ¿Has mentido a alguien esta semana, directa o indirectamente?

5 ¿Qué has hecho esta semana para mejorar la relación con tu esposa u otras relaciones significativas?

PILAR SIETE
LECCIÓN TRES

CÓMO AYUDAR A TU ESPOSA (SEGUNDA PARTE)
PÁG / 296 DEL LIBRO DE TRABAJO

- ☐ Pilar Siete: video de la Lección Tres
- ☐ Tarea para el Libro de trabajo
- ☐ Compromiso de cambio
- ☐ Devocional
- ☐ Escala FASTER
- ☐ Comprobación grupal

COMPROMISO DE CAMBIO

1 ¿Qué área necesitas cambiar o a qué reto te enfrentas la próxima semana?

2 ¿Qué coste emocional tendrá el cambio? ¿A qué miedo tendrás que enfrentarte?

3 ¿Qué te costará si no cambias?

4 ¿Cuál es tu plan para mantener tu restauración con respecto a estos cambios?

5 ¿Ante quién tendrás que rendir cuentas cuando asumas este compromiso?

6 ¿Cuáles son los detalles de este compromiso? ¿Qué información compartirás con tu equipo de rendición de cuentas cuando te comuniques con ellos esta semana?

DEVOCIONAL

¹¹ Yo te guío por el camino de la sabiduría,
  te dirijo por sendas de rectitud.
¹² Cuando camines, no encontrarás obstáculos;
  cuando corras, no tropezarás.
¹³ Aférrate a la instrucción, no la dejes escapar;
  cuídala bien, que ella es tu vida.
¹⁴ No sigas la senda de los perversos
  ni vayas por el camino de los malvados.
¹⁵ ¡Evita ese camino! ¡No pases por él!
  ¡Aléjate de allí y sigue de largo!
¹⁶ Los malvados no duermen si no hacen lo malo;
  pierden el sueño si no hacen que alguien tropiece.
¹⁷ Comen el pan de la maldad;
  toman el vino de la violencia.
¹⁸ La senda de los justos se asemeja
  a los primeros albores de la aurora:
su esplendor va en aumento
  hasta que el día alcanza su plenitud.
¹⁹ Pero el camino de los malvados es como la más densa oscuridad;
  ¡ni siquiera saben con qué tropiezan!

PROVERBIOS 4:11-19

 Lee Proverbios 4.

EJERCICIO SWORD

S Escritura - ¿Qué versículo o grupo de versículos te llamó la atención en la lectura de Proverbios? Escríbelo a continuación.

W Esperar - Dedica unos momentos a esperar en el Espíritu Santo. Deja a un lado los pensamientos y preocupaciones del día. Medita en la Escritura. Lee los versículos anteriores en voz alta, lenta y atentamente. Después, haz una pausa para asimilarlo. Deja que el Espíritu Santo te hable.

O Observar - ¿Qué has notado en los versículos anteriores? ¿Te ha dicho algo el Espíritu Santo? Escribe tu observación a continuación..

R Pedir - Pídele a Dios que te muestre dónde y cómo la Escritura y la observación se aplican a tu vida. Escribe la aplicación abajo.

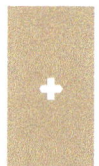
D Dedicar – Al mirar cómo la Escritura se aplica a ti, ¿qué es una cosa que necesitas cambiar? Recuerda que no se trata necesariamente de algo que debas hacer (o dejar de hacer). Tal vez el cambio esté en la forma en que te ves a ti mismo o a los demás.

ESCALA FASTER

Adaptado con permiso de El Proceso *Génesis* por Michael Dye.

- Marca con un círculo los comportamientos con los que te identificas en cada sección.
- Identifica el comportamiento más poderoso de cada sección y escríbelo junto junto al epígrafe correspondiente.
- Responde a las tres preguntas siguientes:
    1. ¿Cómo me afecta? ¿Cómo me siento en ese momento?
    2. ¿Cómo afecta a las personas importantes de mi vida?
    3. ¿Por qué lo hago? ¿Cuál es el beneficio para mí?

Restauración _____

(Aceptar la vida en los términos de Dios, con confianza, gracia, misericordia, vulnerabilidad y gratitud) No tener secretos actuales; trabajar para resolver los problemas; identificar los miedos y los sentimientos; mantener los compromisos con las reuniones, la oración, la familia, la iglesia, las personas, los objetivos y uno mismo; ser abierto y honesto, hacer contacto visual; aumentar las relaciones con Dios y con los demás; la verdadera responsabilidad.

1. _____
2. _____
3. _____

Olvidar prioridades _____

(Empiezas a creer en las circunstancias actuales y te alejas de la confianza en Dios. Negación; huida; un cambio en lo que es importante; cómo gastas tu tiempo, energía y pensamientos) Secretos; menos tiempo/energía para Dios, reuniones, iglesia; evitar a las personas de apoyo y responsabilidad; conversaciones superficiales; sarcasmo; aislamiento; cambios en las metas; obsesión por las relaciones; romper promesas y compromisos; descuidar a la familia; preocupación por las cosas materiales, TV, computadoras, entretenimiento; procrastinación; mentir; exceso de confianza; aburrimiento; esconder dinero; manejo de la imagen; buscar controlar las situaciones y a otras personas.

1. _____
2. _____
3. _____

ANSIEDAD

(Un creciente ruido de fondo de miedo indefinido; obtener energía de las emociones.) Preocuparse, usar palabras soeces, ser temeroso; ser resentido; reproducir viejos pensamientos negativos; perfeccionismo; juzgar los motivos de los demás; hacer metas y listas que no puedes completar; leer la mente; fantasía, rescate codependiente; problemas de sueño, problemas de concentración, búsqueda/creación de drama; chismes; uso de medicamentos sin receta para el dolor, el sueño o el control del peso; coqueteo.

1. _____
2. _____
3. _____

ACELERACIÓN

(Intentar superar la ansiedad, que suele ser el primer signo de depresión). Súper ocupado y siempre con prisa (encontrando buenas razones para justificar el trabajo); adicto al trabajo; no puedes relajarte; evitas bajar el ritmo; te sientes impulsado; no puedes apagar los pensamientos; te salta las comidas; te das atracones (normalmente por la noche); gastas en exceso; no puedes identificar tus propios sentimientos/necesidades; pensamientos negativos repetitivos; irritable; cambios de humor drásticos; demasiada cafeína; exceso de ejercicio; nerviosismo; dificultad para estar solo y/o con la gente; dificultad para escuchar a los demás; poner excusas por tener que "hacerlo todo"

1. _____
2. _____
3. _____

ENOJARSE

(Subida de adrenalina por la ira y la agresividad.) Procrastinación que causa crisis en el dinero, el trabajo y las relaciones; aumento del sarcasmo; pensamiento en blanco y negro (todo o nada); sentirte solo; nadie entiende; reaccionar de forma exagerada, rabia en la carretera; resentimientos constantes; alejar a los demás; aumento del aislamiento; culpar; discutir; pensamiento irracional; no aceptar las críticas; estar a la defensiva; que la gente te evite; necesitar tener la razón; problemas digestivos; dolores de cabeza; pensamientos obsesivos (atascados); no poder perdonar; sentirte superior; utilizar la intimidación.

1. _____
   _____
2. _____
   _____
3. _____
   _____

AGOTAMIENTO _____

(Pérdida de energía física y emocional; salida del subidón de adrenalina y aparición de la depresión). Depresión; pánico; confusión; desesperanza; dormir demasiado o muy poco; no poder hacer frente a la situación; estar abrumado; llorar "sin razón"; no poder pensar; olvido; pesimismo; impotencia; cansancio; entumecimiento; querer huir; antojos constantes de antiguos comportamientos de afrontamiento; pensar en consumir sexo, drogas o alcohol; buscar a las antiguas personas y lugares insanos; aislarse mucho; que la gente se enfade contigo; maltratarte a ti mismo; pensamientos suicidas; llorar espontáneamente; no tener objetivos; modo de supervivencia; no devolver las llamadas telefónicas; faltar al trabajo; irritabilidad; no tener apetito.

1. _____
   _____
2. _____
   _____
3. _____
   _____

RECAÍDA _____

–*(Volver al lugar al que juraste no volver a ir. Enfrentándote a la vida en tus términos. Sentándote en el asiento del conductor en lugar de Dios)* Rendirte y ceder; estar fuera de control; perderte en tu adicción; mentirte a ti mismo y a los demás; sentir que no puedes arreglártelas sin tus conductas de afrontamiento, al menos por ahora. El resultado es el refuerzo de la vergüenza, la culpa y la condena; y los sentimientos de abandono y de estar solo.

1. _____
   _____
2. _____
   _____
3. _____
   _____

COMPROBACIÓN GRUPAL

COMPLETAR 24 HORAS ANTES DEL GRUPO

1 ¿Cuál es el nivel más bajo que has alcanzado *en la escala* FASTER esta semana?

2 ¿Cuál era el *Doble Desafío* al que te enfrentabas?

3 ¿En qué punto de tu *Compromiso de Cambio* te encuentras con respecto a la última reunión?

4 ¿Has mentido a alguien esta semana, directa o indirectamente?

5 ¿Qué has hecho esta semana para mejorar la relación con tu esposa u otras relaciones significativas?

PILAR SIETE
LECCIÓN CUATRO

AUTOCONTROL Y VISIÓN
PÁG / 305 DEL LIBRO DE TRABAJO

- ☐ Pilar Siete: video de la Lección Cuatro
- ☐ Tarea para el Libro de trabajo
- ☐ *Lecturas de* Deseo Ser Puro
- ☐ Compromiso de cambio
- ☐ Devocional
- ☐ Escala FASTER
- ☐ Comprobación grupal

+ Lee el capítulo 17 de Deseo Ser Puro. ¿Cuáles fueron tus observaciones?

COMPROMISO DE CAMBIO

1 ¿Qué área necesitas cambiar o a qué reto te enfrentas la próxima semana?

2 ¿Qué coste emocional tendrá el cambio? ¿A qué miedo tendrás que enfrentarte?

3 ¿Qué te costará si no cambias?

4 ¿Cuál es tu plan para mantener tu restauración con respecto a estos cambios?

5 ¿Ante quién tendrás que rendir cuentas cuando asumas este compromiso?

6 ¿Cuáles son los detalles de este compromiso? ¿Qué información compartirás con tu equipo de rendición de cuentas cuando te comuniques con ellos esta semana?

DEVOCIONAL

Ni la nieve es para el verano,
ni la lluvia para la cosecha,
ni los honores para el necio.
² Como el gorrión sin rumbo o la golondrina sin nido,
la maldición sin motivo jamás llega a su destino.
³ El látigo es para los caballos,
el freno, para los asnos
y la vara, para la espalda del necio.
⁴ No respondas al necio con igual necedad
o tú mismo pasarás por uno.
⁵ Respóndele al necio como se merece,
para que no se tenga por sabio.
⁶ Enviar un mensaje por medio de un necio
es como cortarse los pies o sufrir violencia.
⁷ Inútil es el proverbio en la boca del necio
como inútiles son las piernas de un tullido.
⁸ Rendirle honores al necio es tan absurdo
como atar una piedra a la honda.

PROVERBIOS 26:1-8

 Lee Proverbios 26.

EJERCICIO SWORD

S **Escritura** - ¿Qué versículo o grupo de versículos te llamó la atención en la lectura de Proverbios? Escríbelo a continuación.

W **Esperar** - Dedica unos momentos a esperar en el Espíritu Santo. Deja a un lado los pensamientos y preocupaciones del día. Medita en la Escritura. Lee los versículos anteriores en voz alta, lenta y atentamente. Después, haz una pausa para asimilarlo. Deja que el Espíritu Santo te hable.

O **Observar** - ¿Qué has notado en los versículos anteriores? ¿Te ha dicho algo el Espíritu Santo? Escribe tu observación a continuación..

R **Pedir** - Pídele a Dios que te muestre dónde y cómo la Escritura y la observación se aplican a tu vida. Escribe la aplicación abajo.

D **Dedicar** – Al mirar cómo la Escritura se aplica a ti, ¿qué es una cosa que necesitas cambiar? Recuerda que no se trata necesariamente de algo que debas hacer (o dejar de hacer). Tal vez el cambio esté en la forma en que te ves a ti mismo o a los demás.

ESCALA FASTER

Adaptado con permiso de El *Proceso Génesis por* Michael Dye.

- Marca con un círculo los comportamientos con los que te identificas en cada sección.
- Identifica el comportamiento más poderoso de cada sección y escríbelo junto junto al epígrafe correspondiente.
- Responde a las tres preguntas siguientes:
  1. ¿Cómo me afecta? ¿Cómo me siento en ese momento?
  2. ¿Cómo afecta a las personas importantes de mi vida?
  3. ¿Por qué lo hago? ¿Cuál es el beneficio para mí?

RESTAURACIÓN _____

*(Aceptar la vida en los términos de Dios, con confianza, gracia, misericordia, vulnerabi*lidad y gratitud) No tener secretos actuales; trabajar para resolver los problemas; identificar los miedos y los sentimientos; mantener los compromisos con las reuniones, la oración, la familia, la iglesia, las personas, los objetivos y uno mismo; ser abierto y honesto, hacer contacto visual; aumentar las relaciones con Dios y con los demás; la verdadera responsabilidad.

1. _____
2. _____
3. _____

OLVIDAR PRIORIDADES _____

(Empiezas a creer en las circunstancias actuales y te alejas de la confianza en Dios. Negación; huida; un cambio en lo que es importante; cómo gastas tu tiempo, energía y pensamientos) Secretos; menos tiempo/energía para Dios, reuniones, iglesia; evitar a las personas de apoyo y responsabilidad; conversaciones superficiales; sarcasmo; aislamiento; cambios en las metas; obsesión por las relaciones; romper promesas y compromisos; descuidar a la familia; preocupación por las cosas materiales, TV, computadoras, entretenimiento; procrastinación; mentir; exceso de confianza; aburrimiento; esconder dinero; manejo de la imagen; buscar controlar las situaciones y a otras personas.

1. _____
2. _____
3. _____

Pilar Siete | Lección Cuatro | 243

Ansiedad

(Un creciente ruido de fondo de miedo indefinido; obtener energía de las emociones.) Preocuparse, usar palabras soeces, ser temeroso; ser resentido; reproducir viejos pensamientos negativos; perfeccionismo; juzgar los motivos de los demás; hacer metas y listas que no puedes completar; leer la mente; fantasía, rescate codependiente; problemas de sueño, problemas de concentración, búsqueda/creación de drama; chismes; uso de medicamentos sin receta para el dolor, el sueño o el control del peso; coqueteo.

1. _____
2. _____
3. _____

Aceleración

(Intentar superar la ansiedad, que suele ser el primer signo de depresión). Súper ocupado y siempre con prisa (encontrando buenas razones para justificar el trabajo); adicto al trabajo; no puedes relajarte; evitas bajar el ritmo; te sientes impulsado; no puedes apagar los pensamientos; te salta las comidas; te das atracones (normalmente por la noche); gastas en exceso; no puedes identificar tus propios sentimientos/necesidades; pensamientos negativos repetitivos; irritable; cambios de humor drásticos; demasiada cafeína; exceso de ejercicio; nerviosismo; dificultad para estar solo y/o con la gente; dificultad para escuchar a los demás; poner excusas por tener que "hacerlo todo"

1. _____
2. _____
3. _____

Enojarse

(Subida de adrenalina por la ira y la agresividad.) Procrastinación que causa crisis en el dinero, el trabajo y las relaciones; aumento del sarcasmo; pensamiento en blanco y negro (todo o nada); sentirte solo; nadie entiende; reaccionar de forma exagerada, rabia en la carretera; resentimientos constantes; alejar a los demás; aumento del aislamiento; culpar; discutir; pensamiento irracional; no aceptar las críticas; estar a la defensiva; que la gente te evite; necesitar tener la razón; problemas digestivos; dolores de cabeza; pensamientos obsesivos (atascados); no poder perdonar; sentirte superior; utilizar la intimidación.

1. _____
2. _____
3. _____

Agotamiento _____

(Pérdida de energía física y emocional; salida del subidón de adrenalina y aparición de la depresión). Depresión; pánico; confusión; desesperanza; dormir demasiado o muy poco; no poder hacer frente a la situación; estar abrumado; llorar "sin razón"; no poder pensar; olvido; pesimismo; impotencia; cansancio; entumecimiento; querer huir; antojos constantes de antiguos comportamientos de afrontamiento; pensar en consumir sexo, drogas o alcohol; buscar a las antiguas personas y lugares insanos; aislarse mucho; que la gente se enfade contigo; maltratarte a ti mismo; pensamientos suicidas; llorar espontáneamente; no tener objetivos; modo de supervivencia; no devolver las llamadas telefónicas; faltar al trabajo; irritabilidad; no tener apetito.

1. _____
2. _____
3. _____

Recaída _____

–*(Volver al lugar al que juraste no volver a ir. Enfrentándote a la vida en tus términos. Sentándote en el asiento del conductor en lugar de Dios)* Rendirte y ceder; estar fuera de control; perderte en tu adicción; mentirte a ti mismo y a los demás; sentir que no puedes arreglártelas sin tus conductas de afrontamiento, al menos por ahora. El resultado es el refuerzo de la vergüenza, la culpa y la condena; y los sentimientos de abandono y de estar solo.

1. _____
2. _____
3. _____

COMPROBACIÓN GRUPAL

COMPLETAR 24 HORAS ANTES DEL GRUPO

1 ¿Cuál es el nivel más bajo que has alcanzado *en la escala* FASTER esta semana?

2 ¿Cuál era el *Doble Desafío* al que te enfrentabas?

3 ¿En qué punto de tu *Compromiso de Cambio* te encuentras con respecto a la última reunión?

4 ¿Has mentido a alguien esta semana, directa o indirectamente?

5 ¿Qué has hecho esta semana para mejorar la relación con tu esposa u otras relaciones significativas?